MANDALA CAFFÈ

LIBRO DA COLORARE CON RICETTE

STEMIAN ART

RICETTE

CAFFÈ AL LATTE

CAFFÈ CUBANO

CAFFÈ ALLA FRANCESE

CAFFÈ AMERICANO

CAFFÈ CON TÈ (YUANYANG)

CAFFÈ TURCO

CAFFÈ VIETNAMITA

CAFFÈ VIETNAMITA CON UOVO

CAFFÈ DI CICORIA

CAFFÈ BULLETPROOF

CAFFÈ MESSICANO ANALCOLICO

CAFFÈ MESSICANO ALCOLICO

CAFFÈ DEL NONNO

CAFFÈ ALLA NOCCIOLA

CAFFÈ BRASILIANO

CAFFÈ AL GINSENG

CAFFÈ MOCACCINO

CAFFÈ MAROCCHINO

CAFFÈ MORETTA DI FANO

CAFFÈ SHAKERATO

CAFFÈ VIENNESE

CAFFÈ ALLA VENEZIANA

CAFFÈ LECCESE

CAFFÈ AL FORMAGGIO (KAFFEOST)

Copyright © 2020 Stemian Art
Tutti i Diritti Riservati.

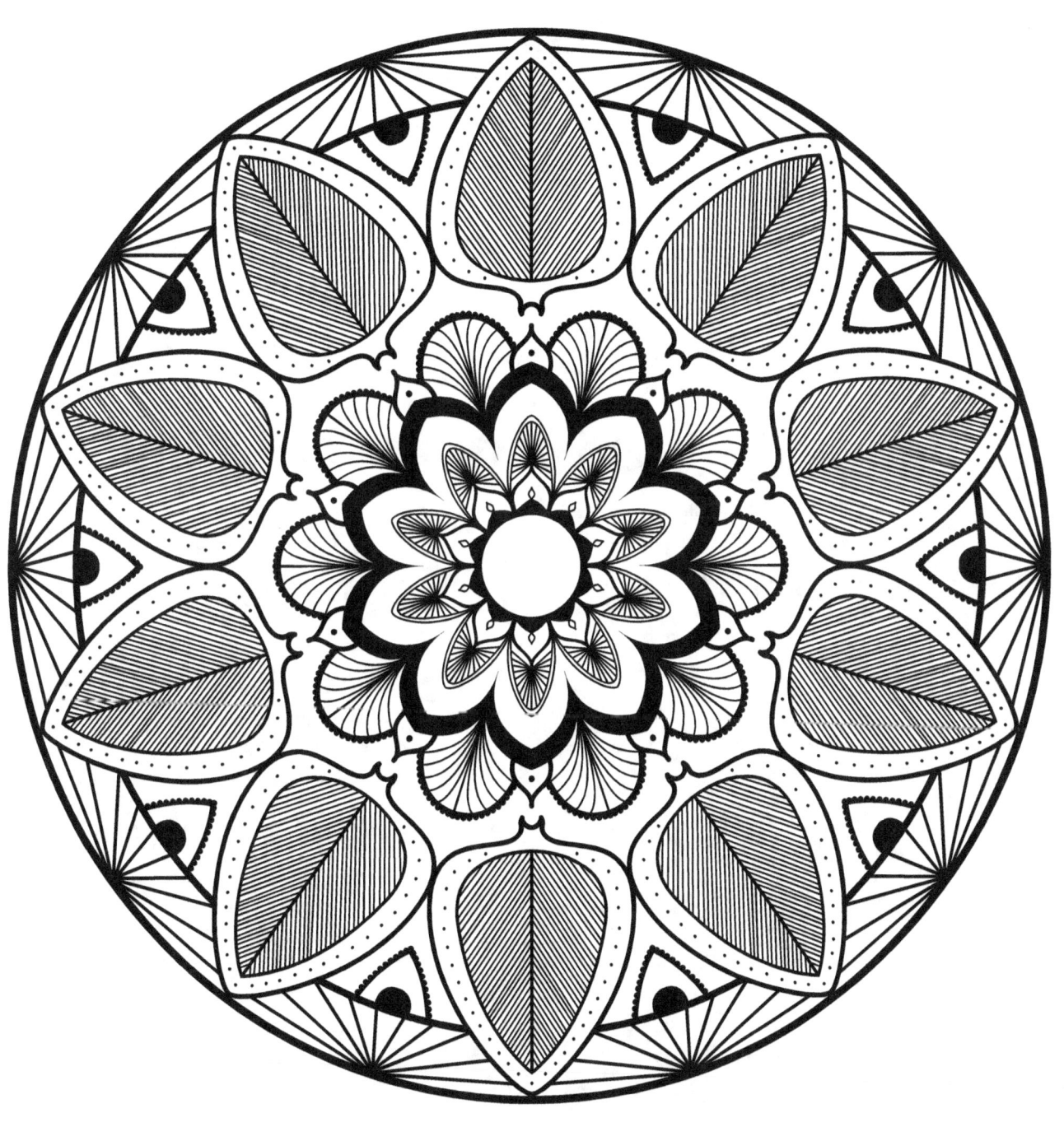

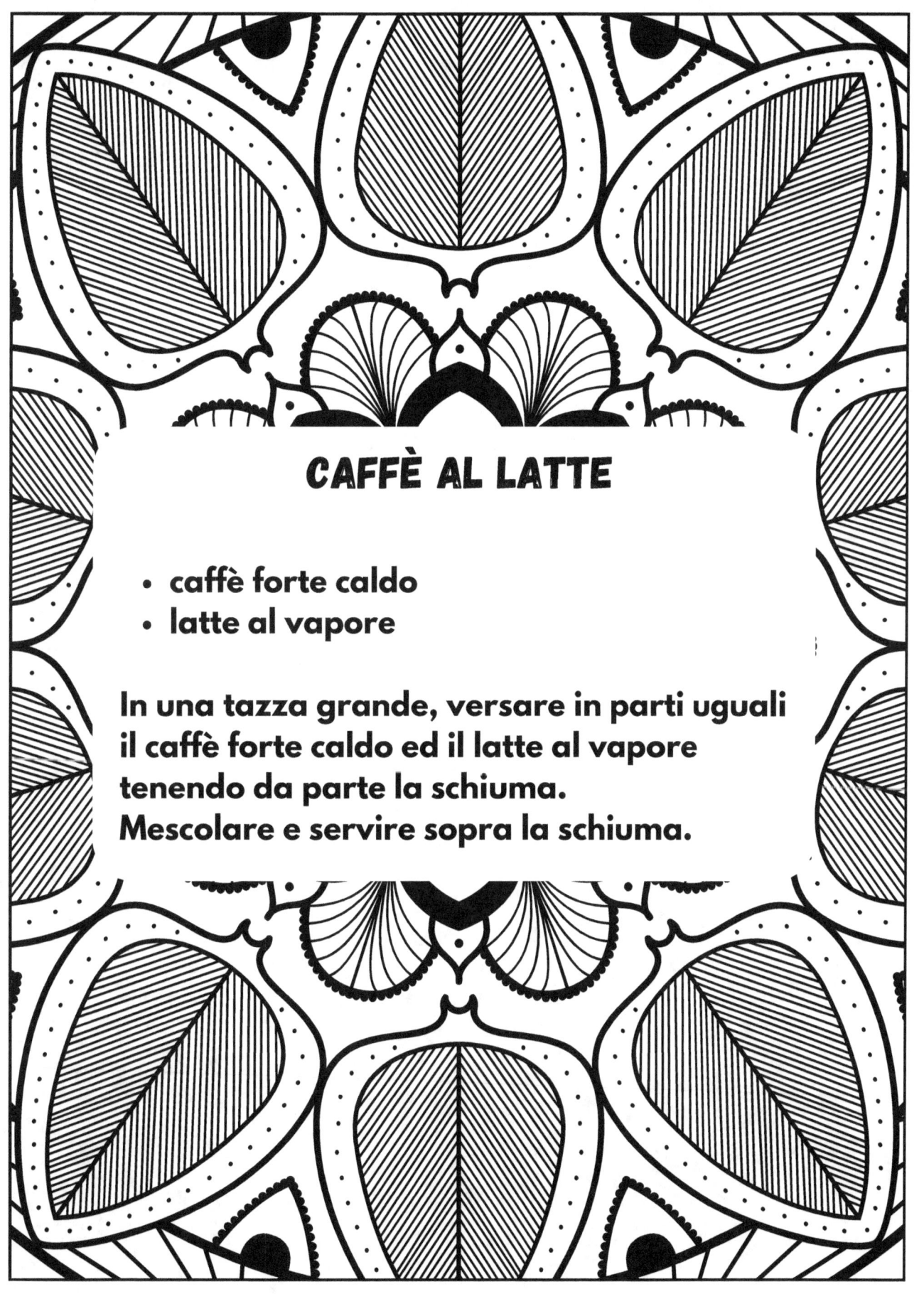

CAFFÈ AL LATTE

- caffè forte caldo
- latte al vapore

In una tazza grande, versare in parti uguali il caffè forte caldo ed il latte al vapore tenendo da parte la schiuma.
Mescolare e servire sopra la schiuma.

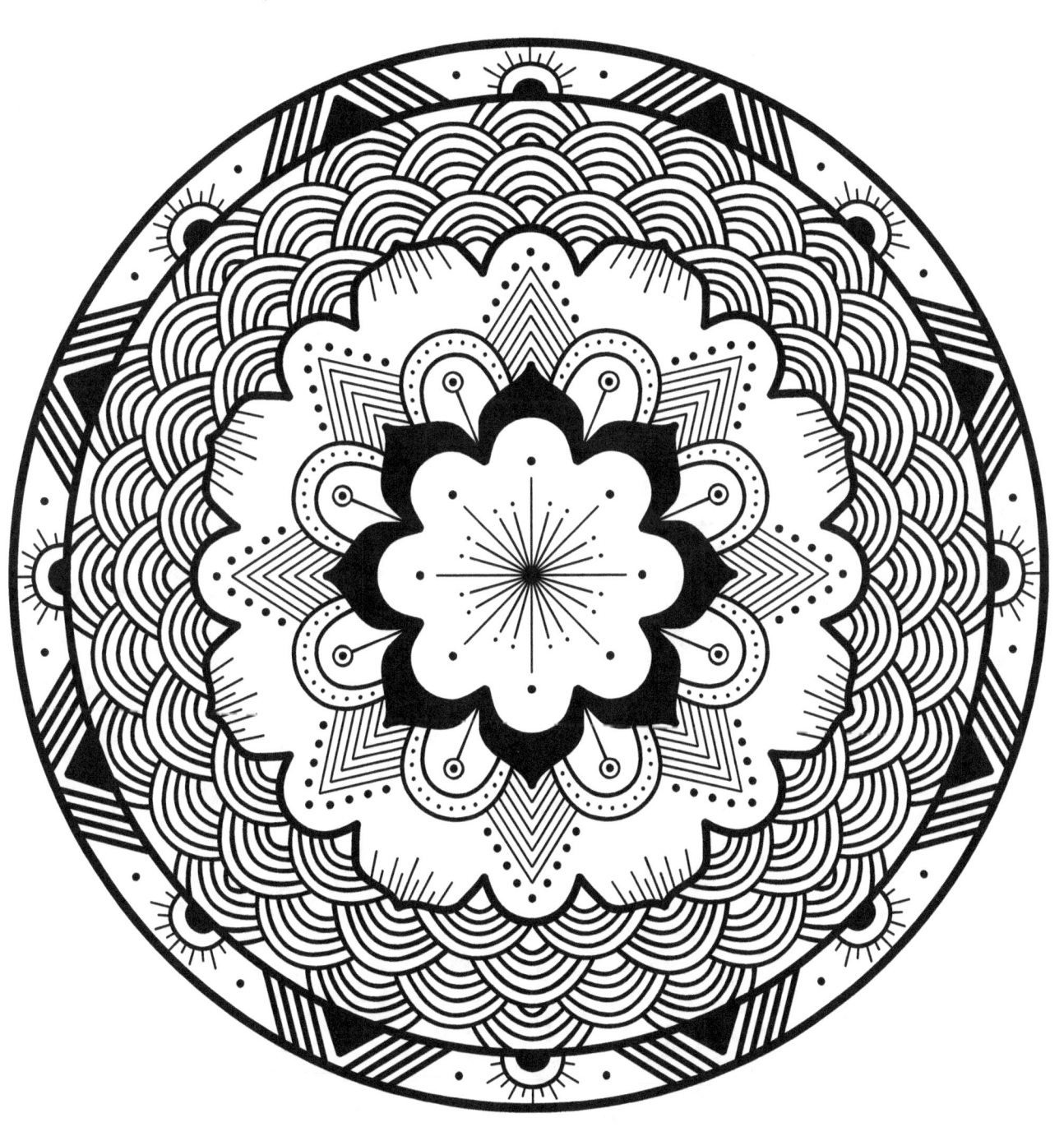

CAFFÈ CUBANO

- caffè macinato
- 2/3 cucchiaini di zucchero di canna

Unire il caffè macinato con lo zucchero. Riempire il filtro della moka o della macchina espresso con la miscela ottenuta. Procedere con l'estrazione del caffè.

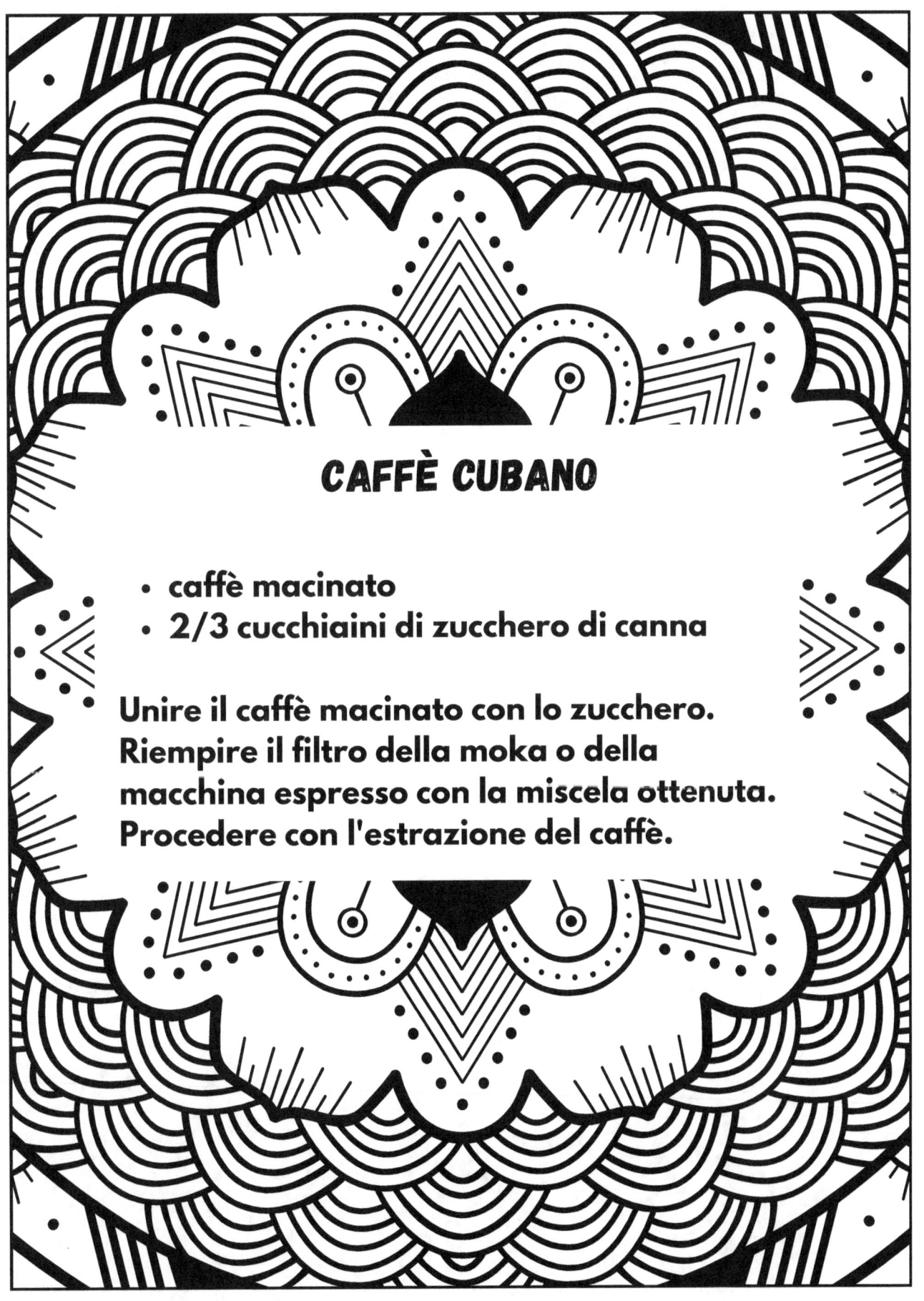

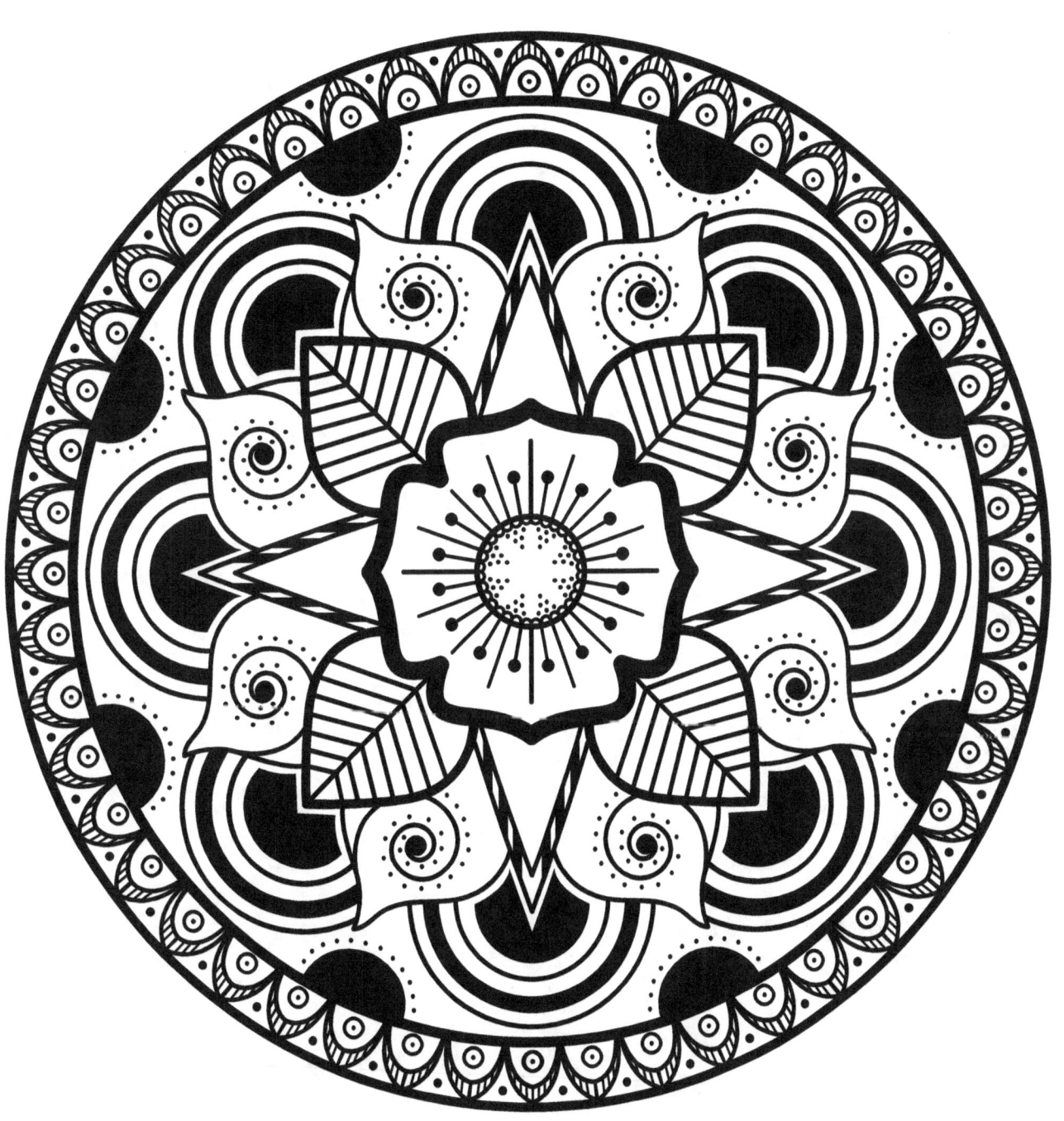

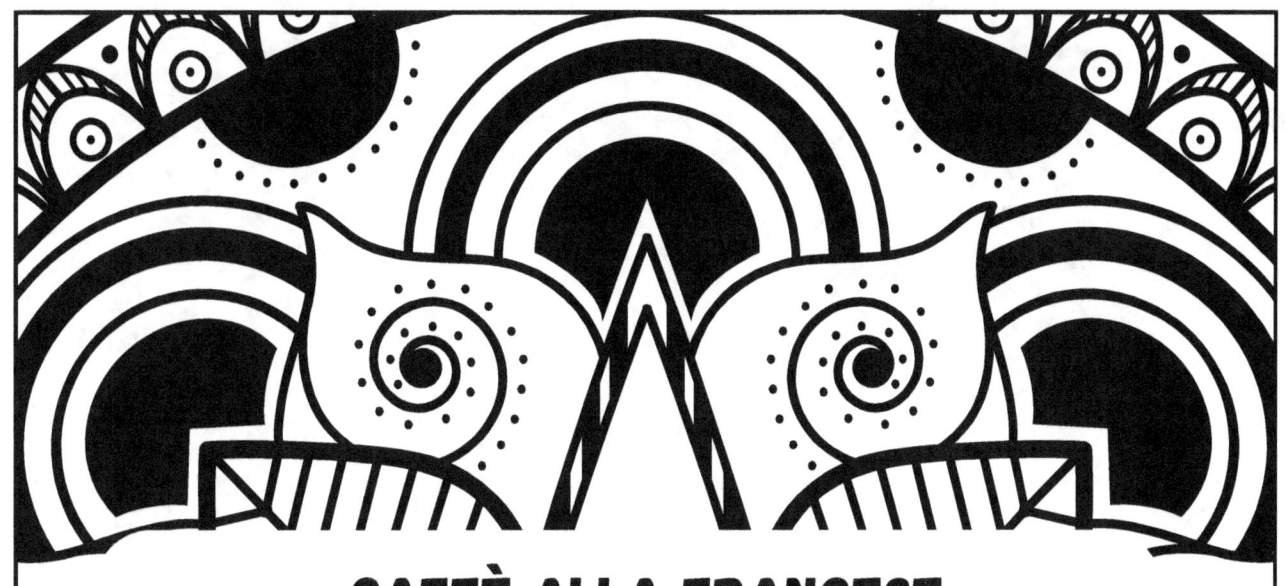

CAFFÈ ALLA FRANCESE

- french press (caffettiera a stantuffo)
- 10 g di caffè macinato (macinatura media)
- 200 ml acqua calda (92° - 96°)

Versare il caffè macinato nella french press, versare l'acqua calda e mescolare il contenuto. Coprire con lo stantuffo/filtro per 2-4 minuti. Immergere lo stantuffo e spingere lentamente verso il basso.

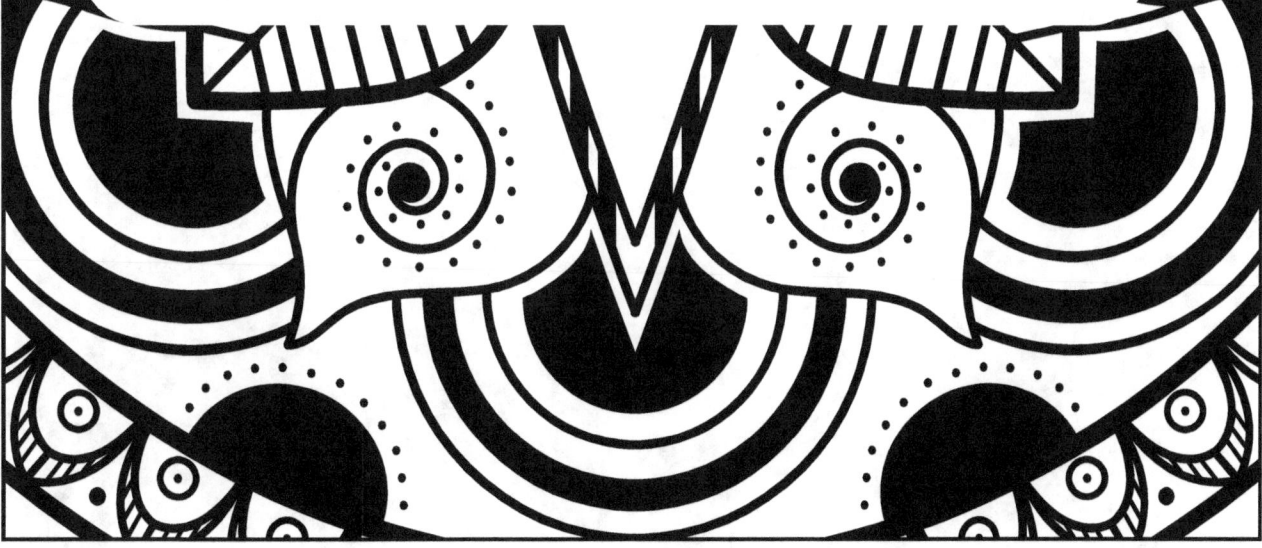

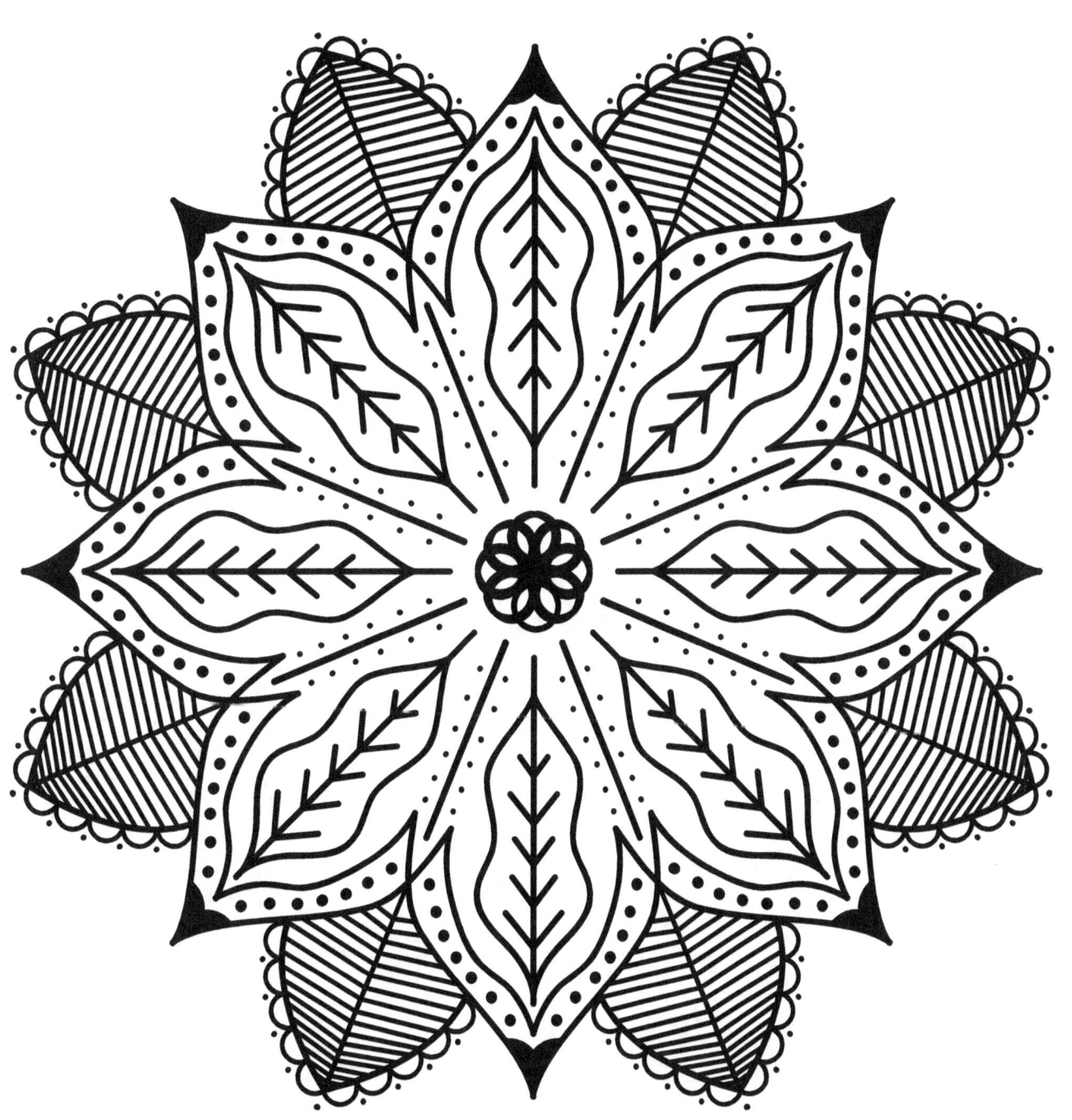

CAFFÈ AMERICANO

- 1 cucchiaio di caffè macinato (7-8 g)
- 120 ml di acqua calda
- filtro a maglia fine

Mettere il caffè macinato nel filtro a maglia fine. Far bollire l'acqua e successivamente versarla nel filtro col caffè.
Attendere il filtraggio del caffè.

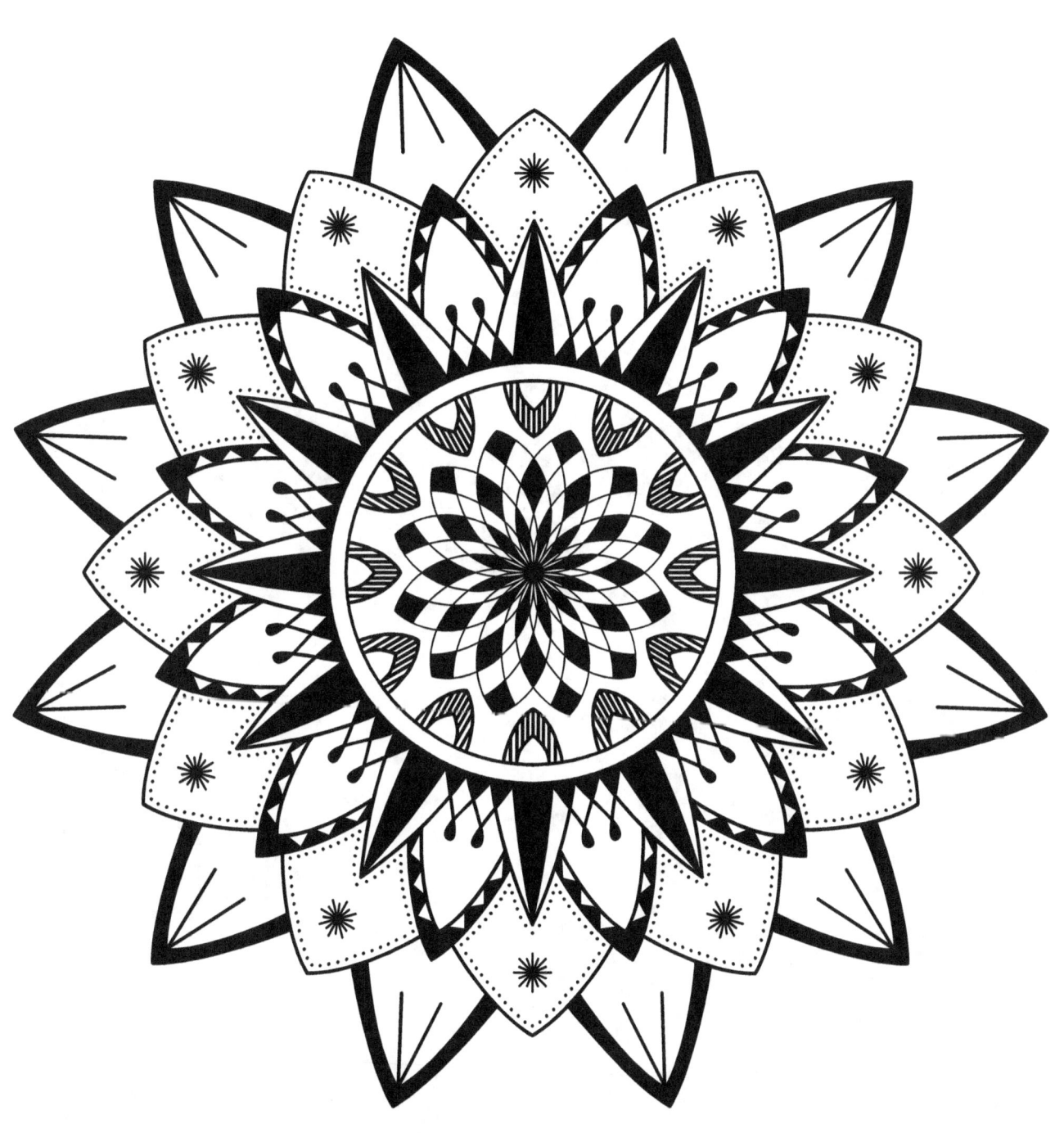

CAFFÈ CON TÈ (YUANYANG)

- 1 cucchiaino di caffè macinato
- 1 bustina di tè nero
- 125 ml di acqua bollente
- 60 ml latte intero
- 15 g di zucchero
- filtro a maglia fine

Portare l'acqua ad ebollizione e mettere in infusione la bustina di tè per 5 minuti.
Far sobbollire il latte con lo zucchero.
Trascorsi i 5 minuti rimuovere la bustina di tè ed aggiungere il caffè macinato.
Attendere un paio di minuti e poi filtrare la miscela.
Aggiungere il latte preparato in precedenza.

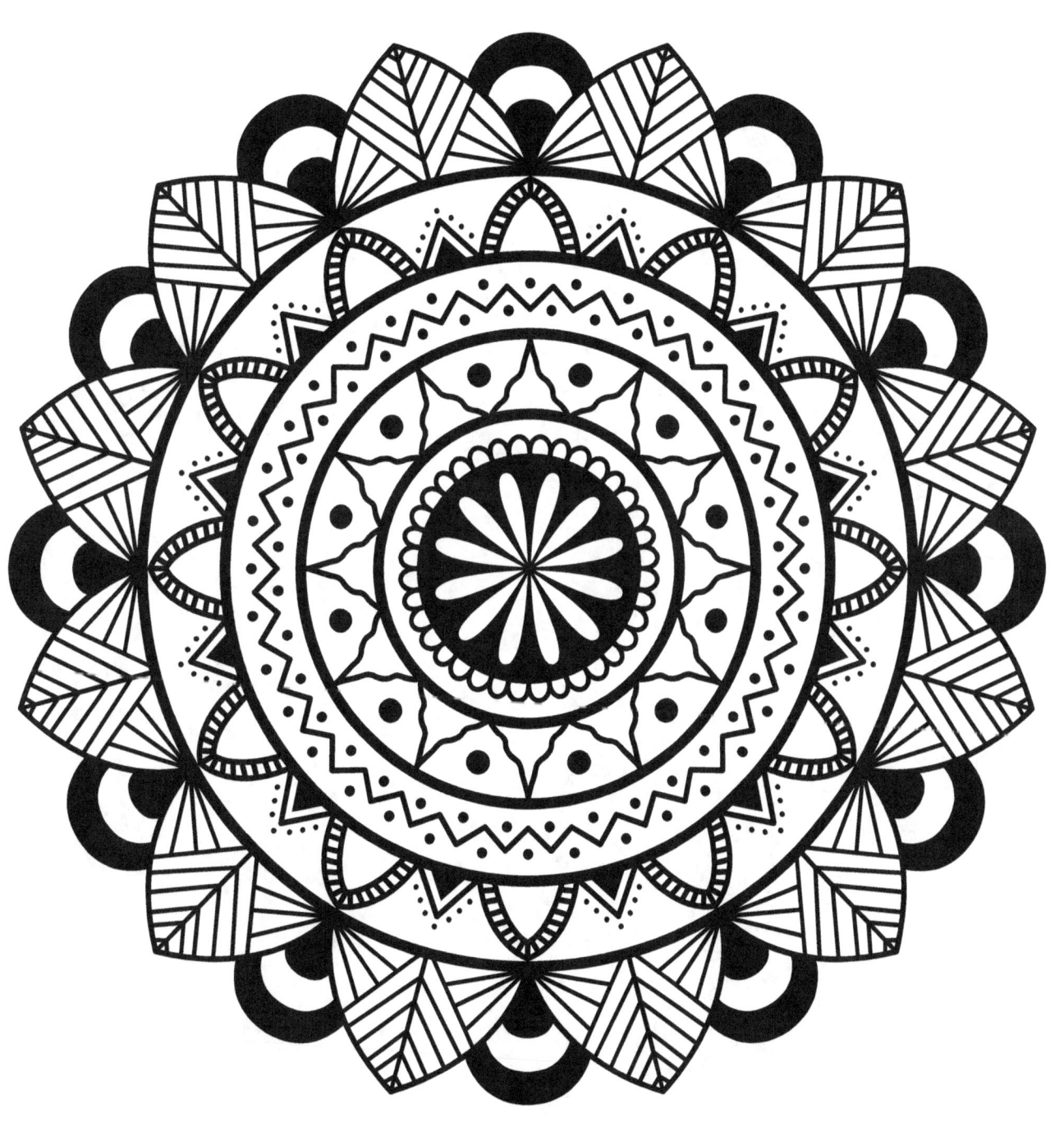

CAFFÈ TURCO

- 1 cucchiaino di caffè macinato finissimo
- 50 ml di acqua
- cezve o ibrik (caffettiera tipica turca)
- zucchero o spezie

Mettere l'acqua nel cezve e farla scaldare evitando il bollore.
Quando l'acqua sta quasi per bollire togliere il cevze dal fuoco ed aggiungere il caffè macinato, lo zucchero o le spezie (es. cardamomo).
Mescolare con cura e rimettere sul fuoco.
Poco prima dell'ebollizione togliere dal fuoco e servire l'infusione.
Far decantare l'infusione per qualche minuto così da far depositare sul fondo la polvere sospesa.

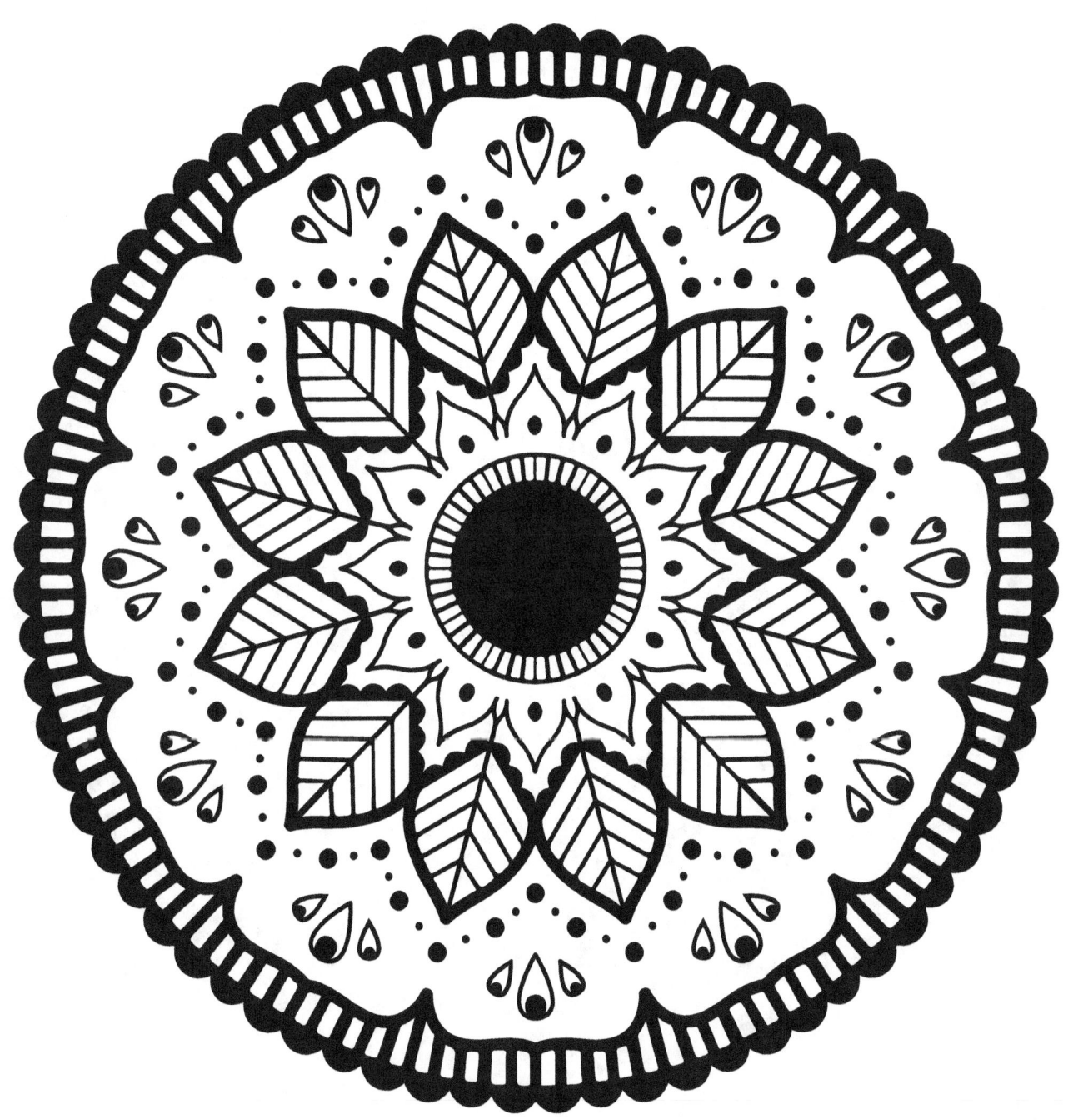

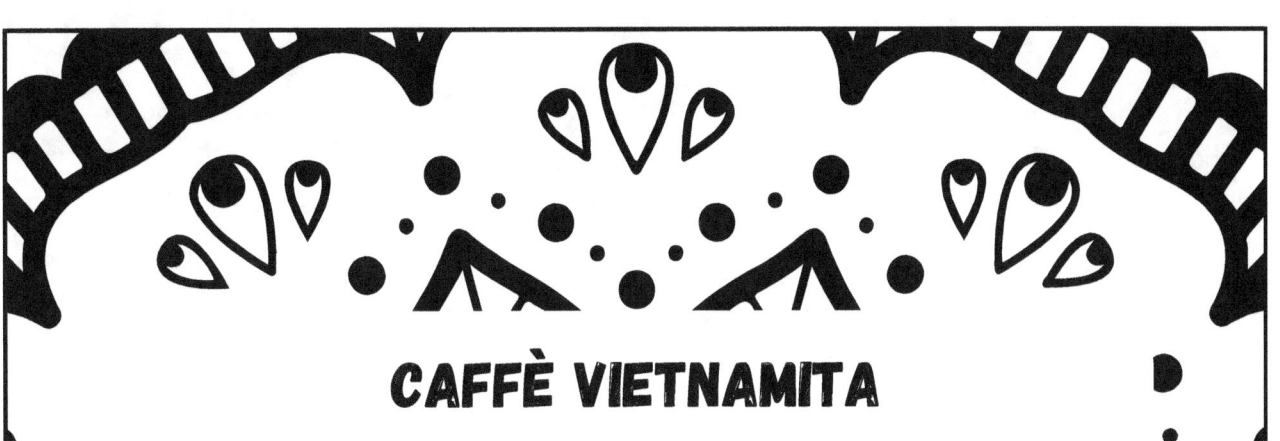

CAFFÈ VIETNAMITA

- 4 cucchiaini di caffè macinato grosso
- 40 ml di latte condensato
- caffettiera vietnamita
- acqua q.b.

Sciacquare la caffettiera con acqua calda ed asciugare bene.
In una tazza versare il latte condensato.
Versare nella caffettiera il caffè macinato, chiudere il filtro a vite e posizionare sulla tazza con il latte condensato.
Versare un po' di acqua calda (95°) nella caffettiera ed attendere mezzo minuto che l'acqua bagni completamente il caffè.
Versare poi l'acqua restante (fino a due terzi della caffettiera) e chiudere il coperchio.
Attendere la discesa del caffè.

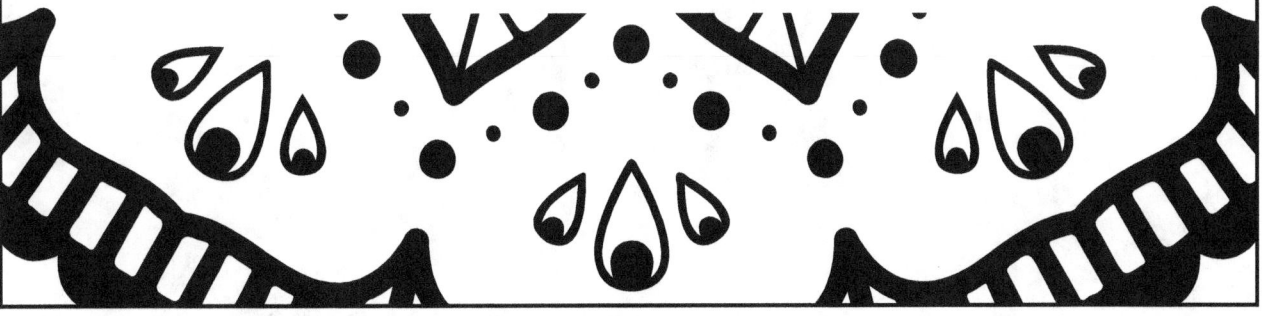

CAFFÈ VIETNAMITA CON UOVO

- 4 cucchiaini di caffè macinato grosso
- 40 ml di latte condensato
- caffettiera vietnamita
- 1 tuorlo
- estratto di vaniglia
- acqua q.b.

Sciacquare la caffettiera con acqua calda ed asciugare bene.
Versare nella caffettiera il caffè macinato, chiudere il filtro a vite e posizionare su una tazza.
Versare un po' di acqua calda (95°) nella caffettiera ed attendere mezzo minuto che l'acqua bagni completamente il caffè.
Versare poi l'acqua restante (fino a due terzi della caffettiera) e chiudere il coperchio.
Attendere la discesa del caffè.
Montare il tuorlo con il latte e l'estratto di vaniglia fino ad ottenere un composto spumoso.
Una volta filtrato il caffè versare sopra il composto spumoso.

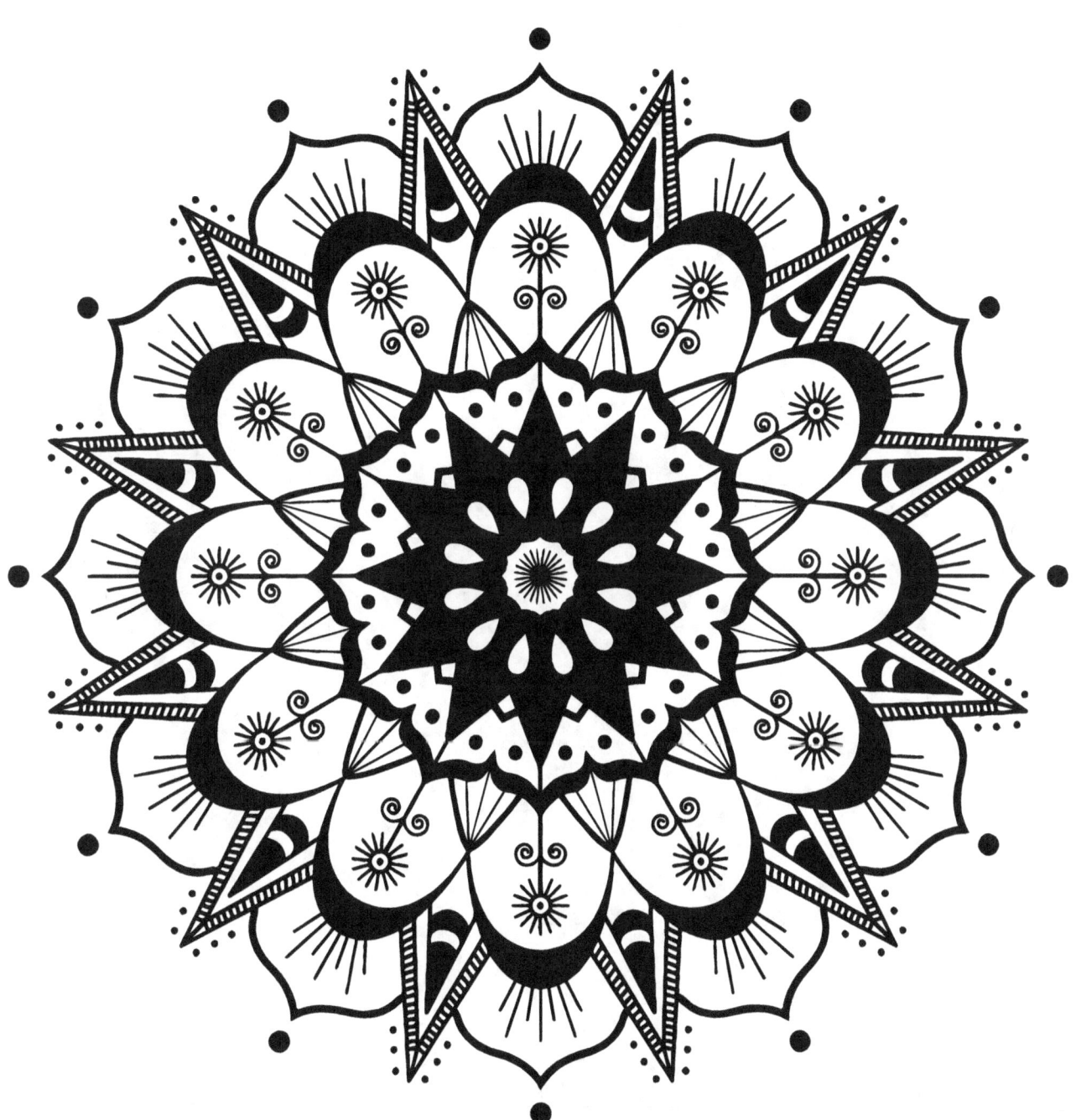

CAFFÈ DI CICORIA

- moka o macchina espresso
- caffè di cicoria
- filtro a maglia fine

1 - riempire a metà il filtro della moka o della macchina espresso e procedere.

2 - mettere in un pentolino dell'acqua e qualche cucchiaio di polvere di cicoria tostata e portare tutto ad ebollizione.
A questo punto abbassare la fiamma al minimo e proseguire la cottura per altri 3 minuti.
Trascorso il tempo filtrare la bevanda e servire.

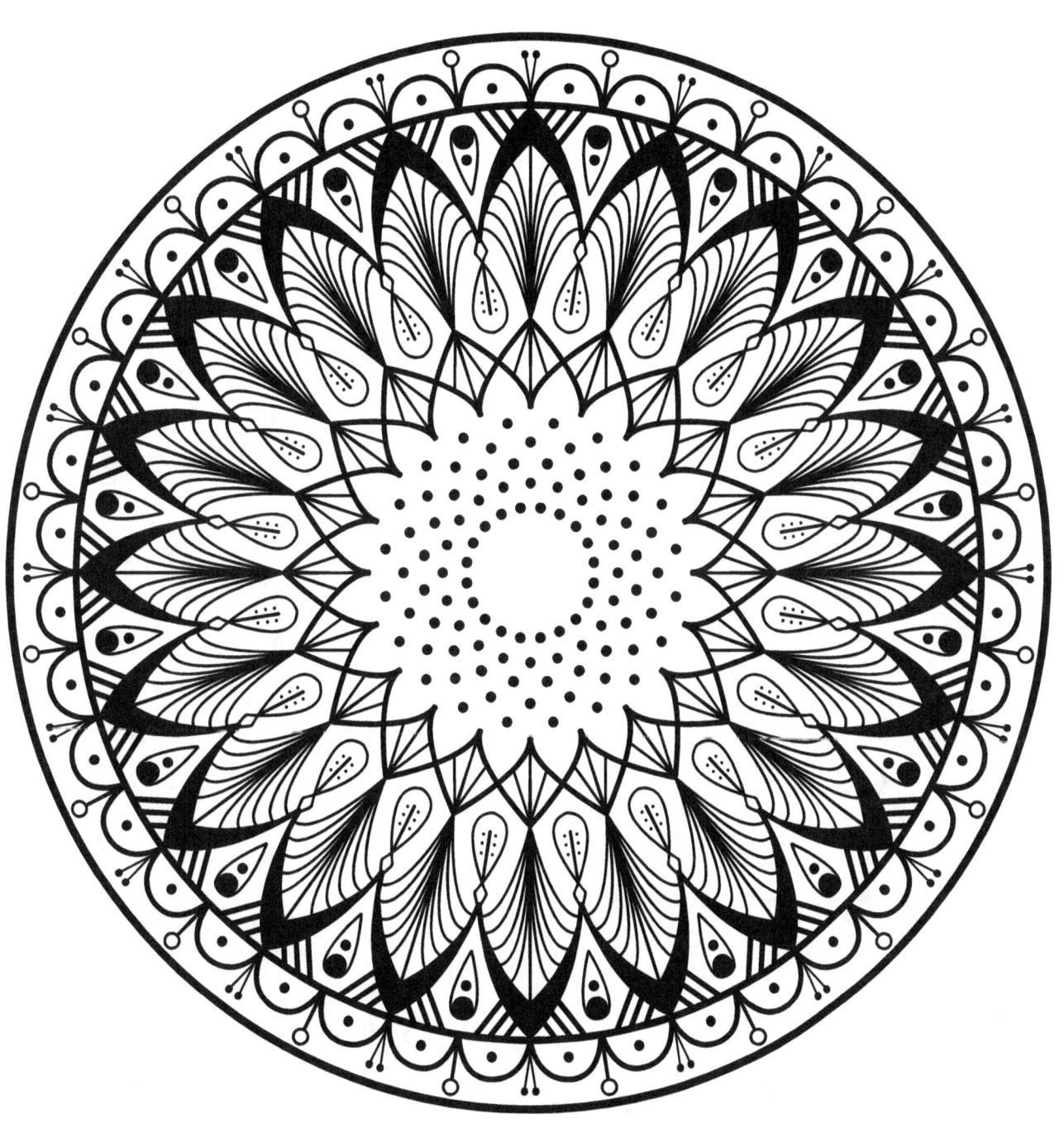

CAFFÈ BULLETPROOF

- 250 ml di caffè
- 25 g di burro grass-fed*
- 30 ml di olio di cocco o MCT*

Versa tutti gli ingredienti in un frullatore o shaker.
Frulla per qualche secondo e versa.

*grass-fed: da mucche che mangiano erba
*MCT: trigliceridi a catena media

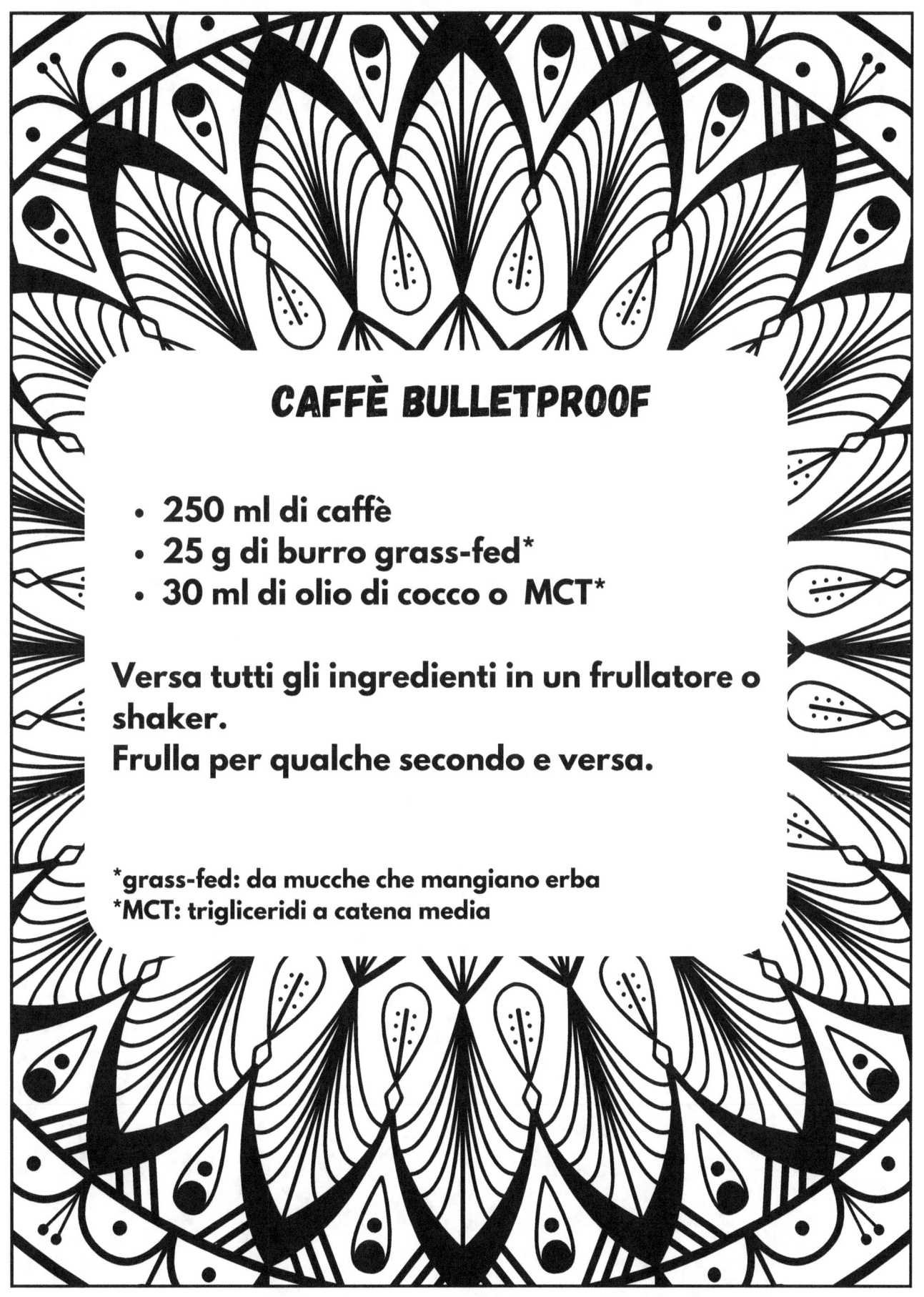

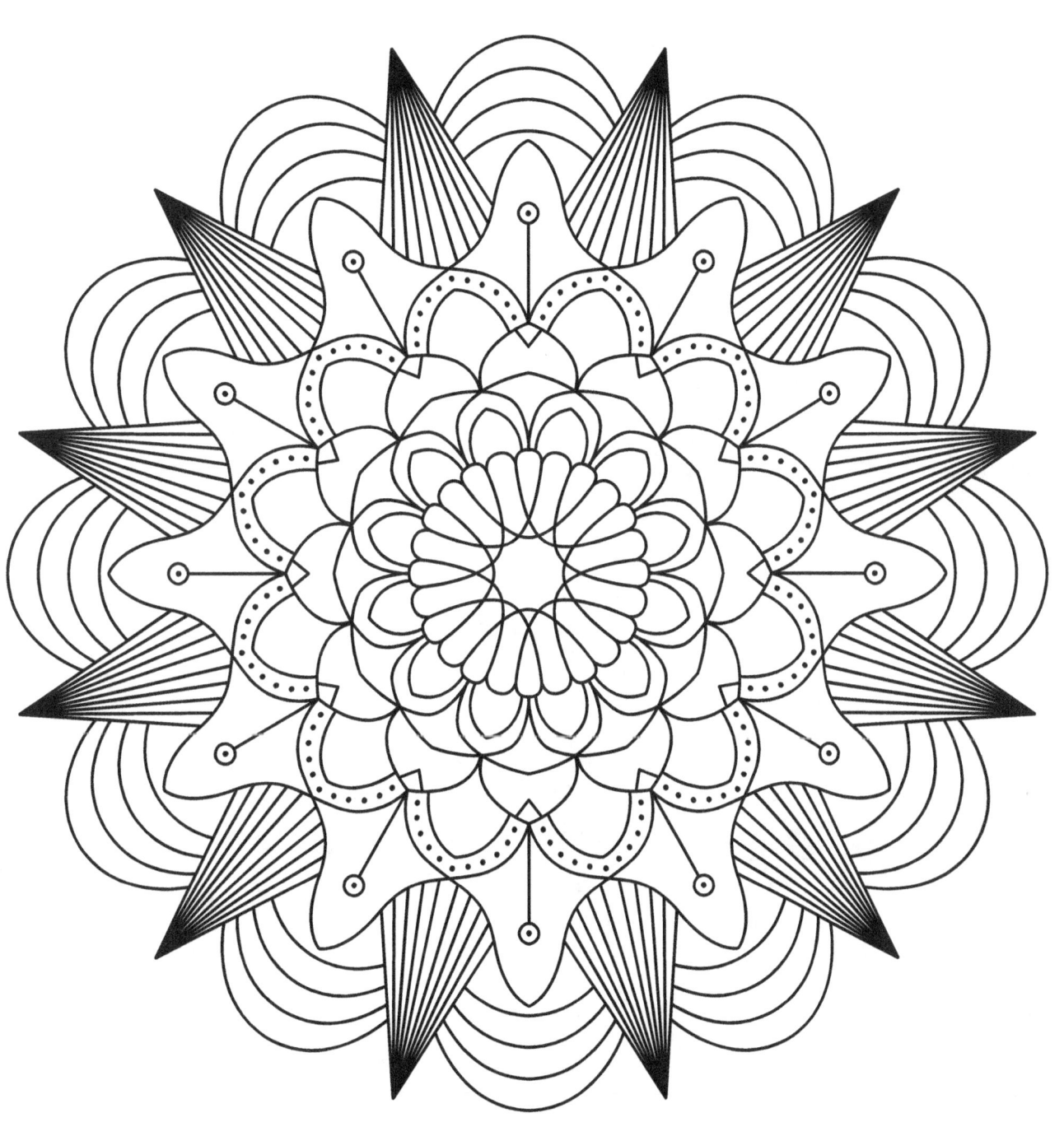

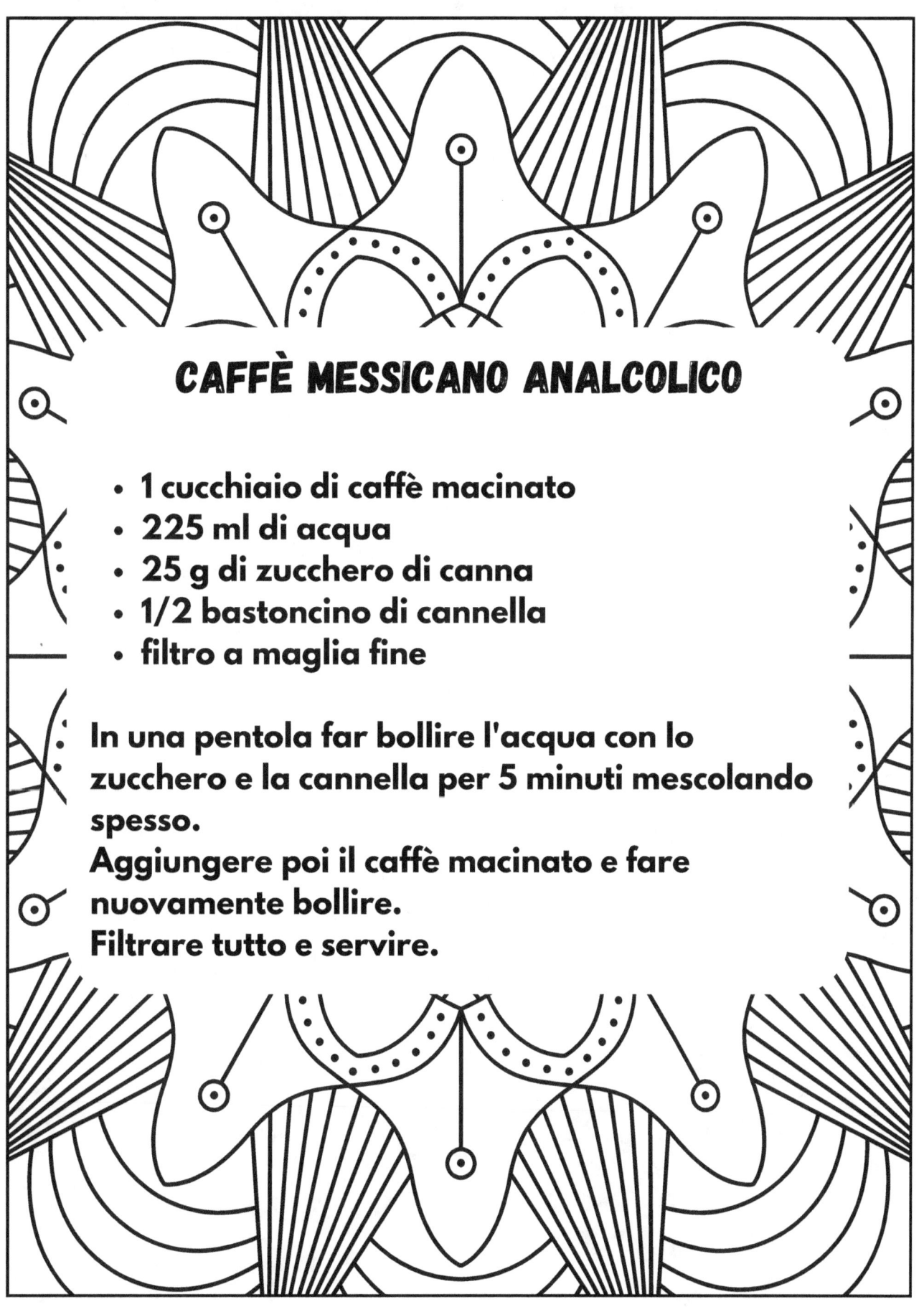

CAFFÈ MESSICANO ANALCOLICO

- 1 cucchiaio di caffè macinato
- 225 ml di acqua
- 25 g di zucchero di canna
- 1/2 bastoncino di cannella
- filtro a maglia fine

In una pentola far bollire l'acqua con lo zucchero e la cannella per 5 minuti mescolando spesso.
Aggiungere poi il caffè macinato e fare nuovamente bollire.
Filtrare tutto e servire.

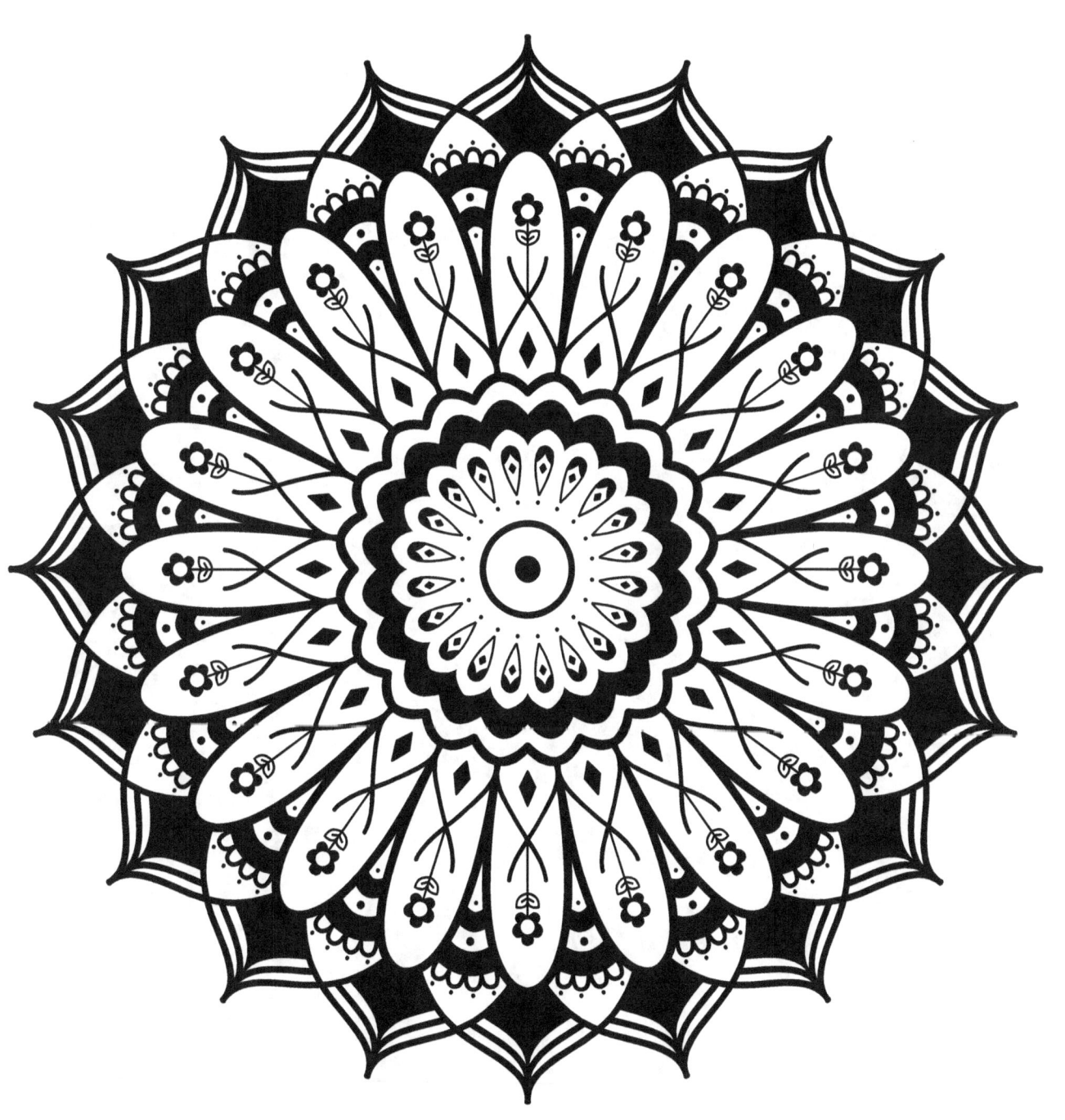

CAFFÈ MESSICANO ALCOLICO

- 50 ml di caffè espresso
- 20 ml di liquore al caffè
- 20 ml di tequila
- panna montata q.b.

Preparare il caffè espresso.
In un bicchiere versare il liquore al caffè e la tequila.
Aggiungere il caffè espresso.
Montare la panna e versare sopra al caffè messicano.

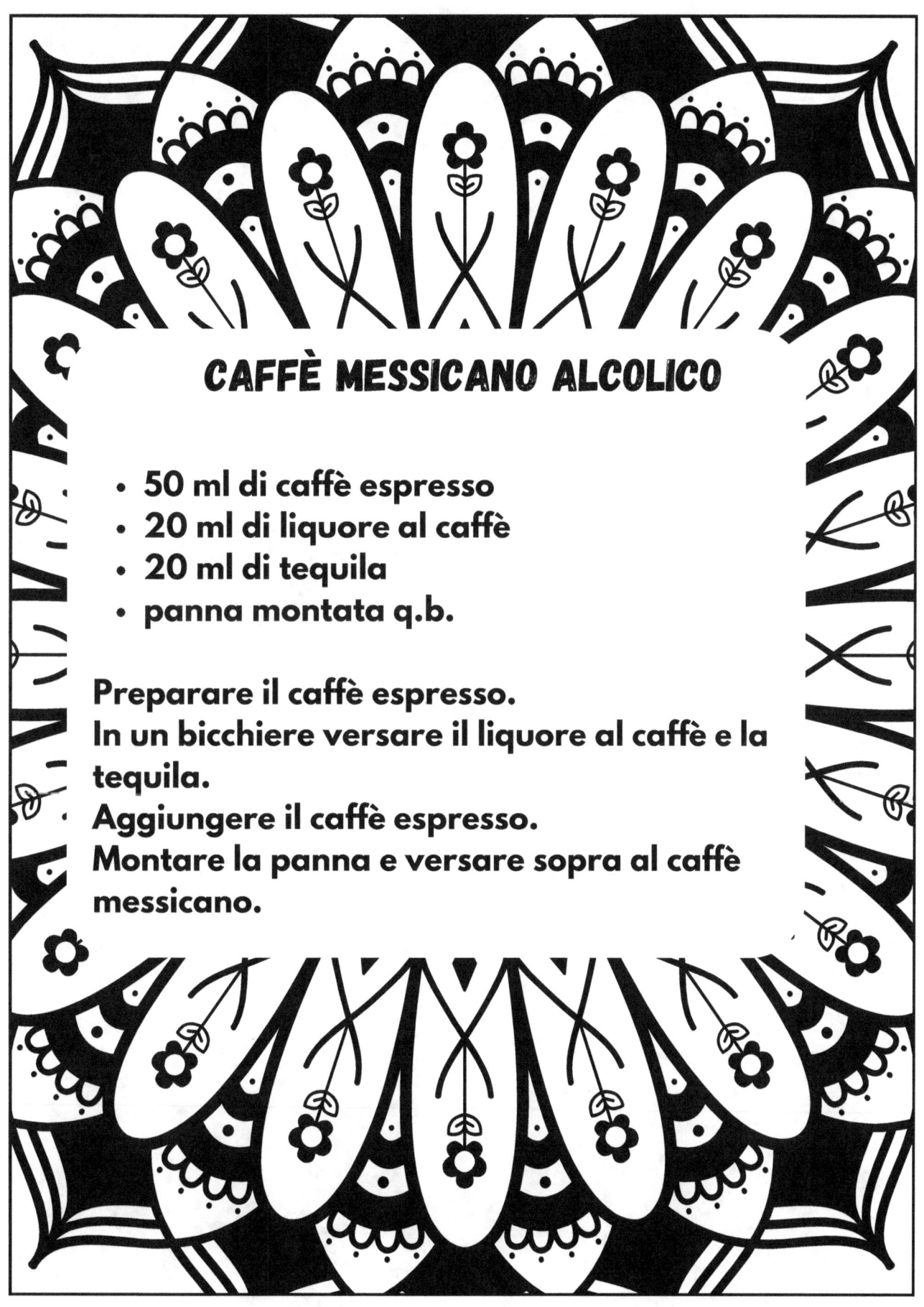

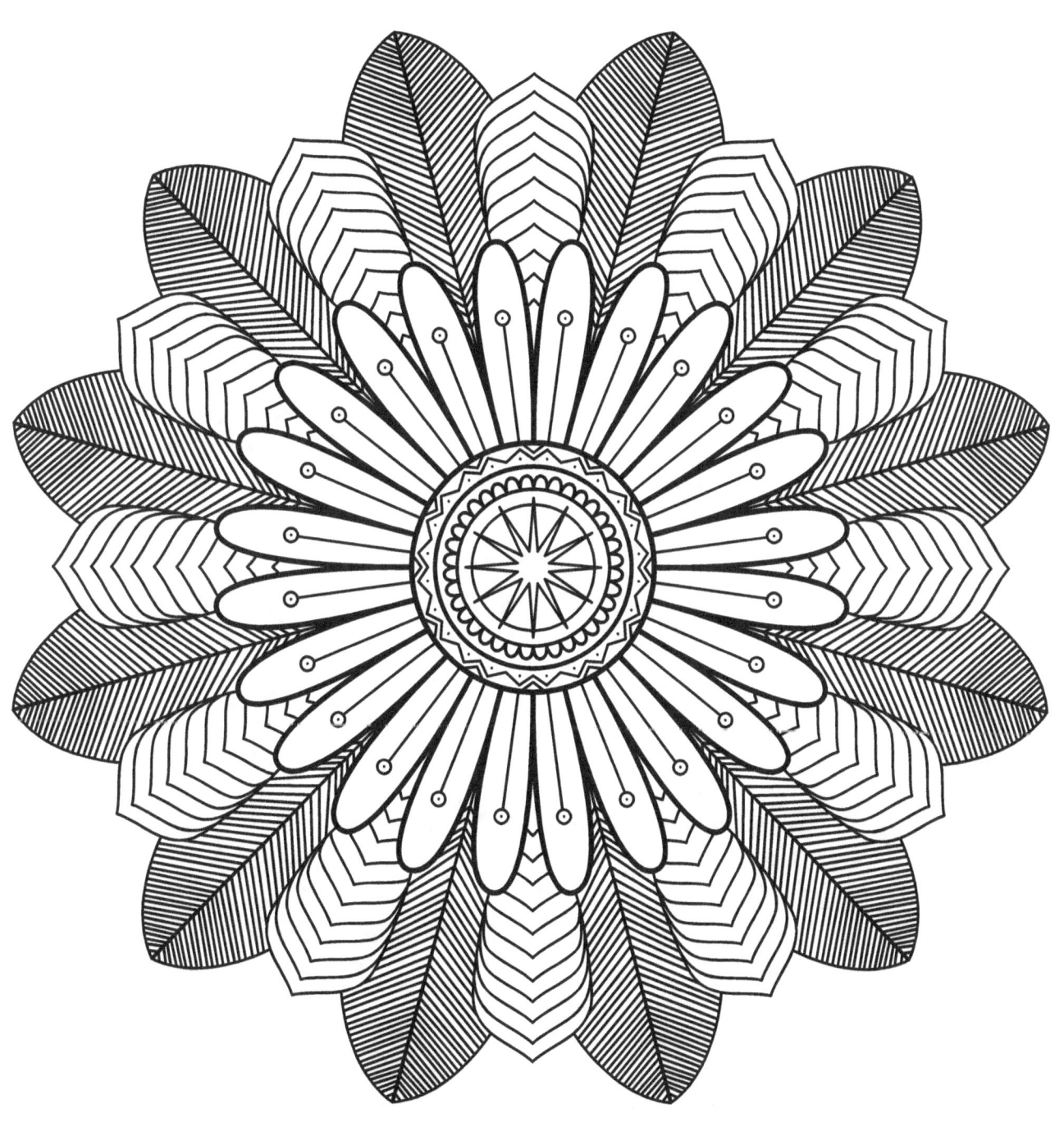

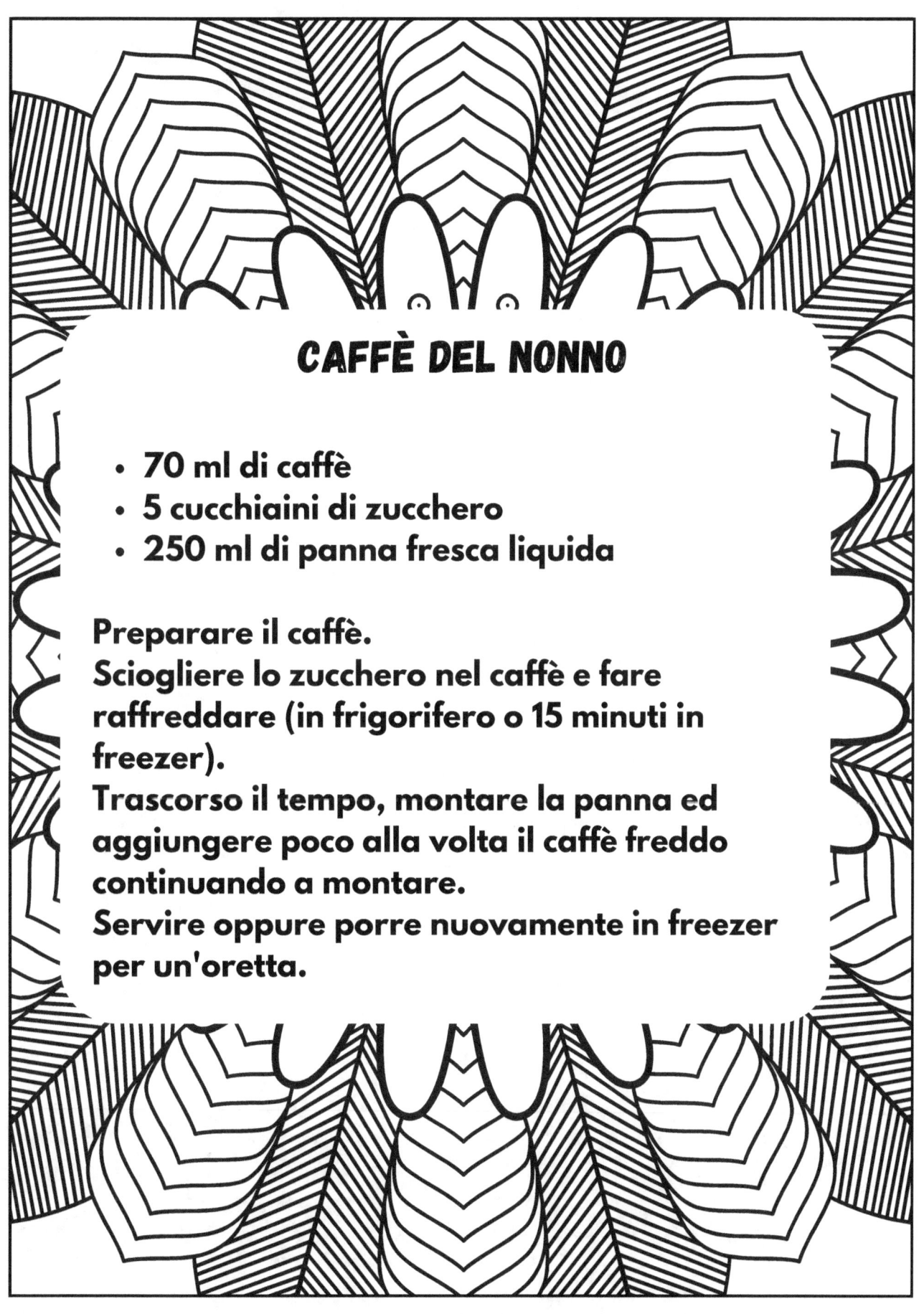

CAFFÈ DEL NONNO

- 70 ml di caffè
- 5 cucchiaini di zucchero
- 250 ml di panna fresca liquida

Preparare il caffè.
Sciogliere lo zucchero nel caffè e fare raffreddare (in frigorifero o 15 minuti in freezer).
Trascorso il tempo, montare la panna ed aggiungere poco alla volta il caffè freddo continuando a montare.
Servire oppure porre nuovamente in freezer per un'oretta.

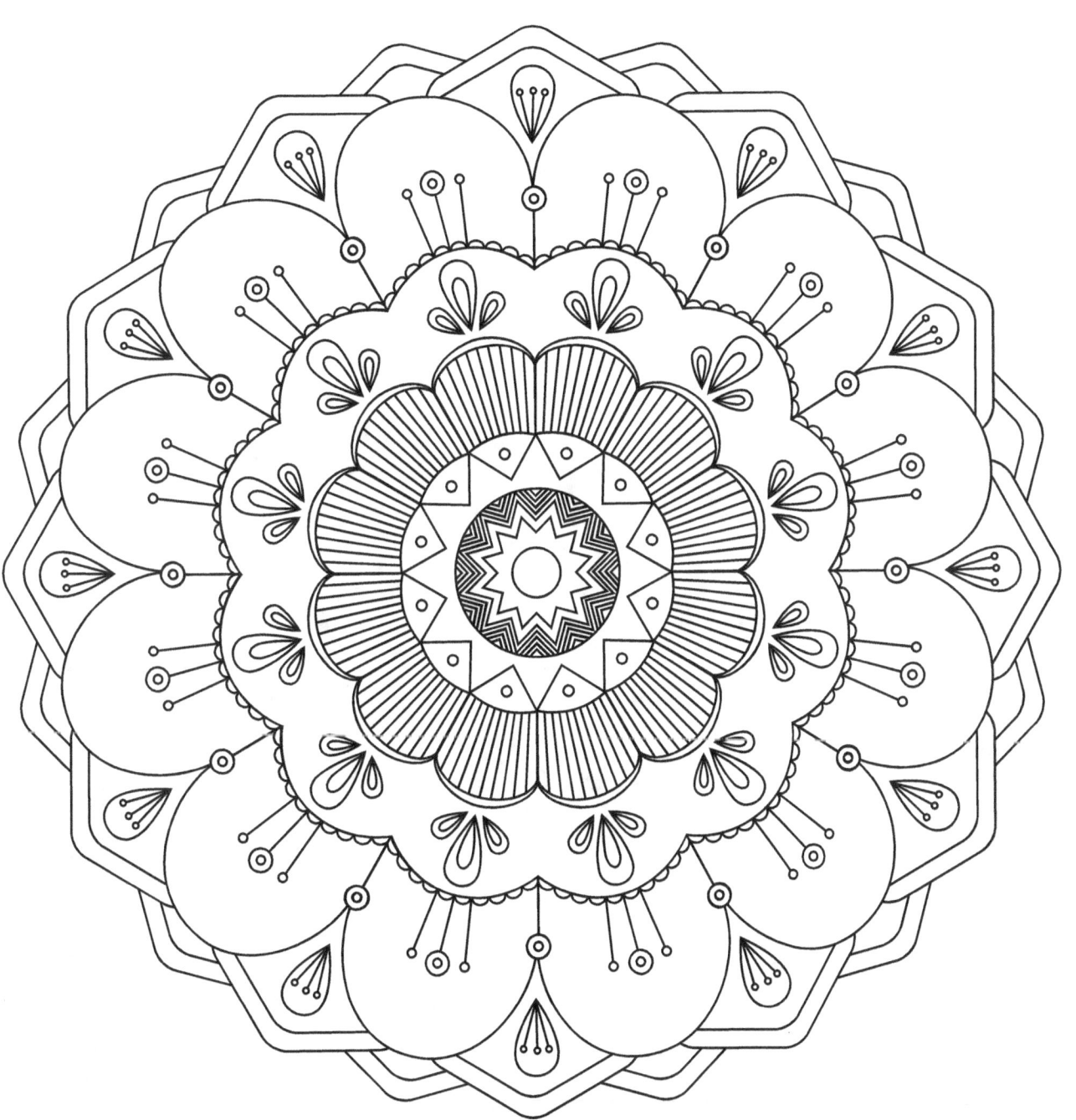

CAFFÈ ALLA NOCCIOLA

- caffè espresso o moka
- 40 g di nocciole tostate
- 1 cucchiaio di zucchero a velo
- panna liquida

Frullare le nocciole tostate con lo zucchero a velo fino ad ottenere una pasta.
Scaldare un po' di panna liquida da aggiungere alla pasta di nocciole per ottenere una mouse. Lasciare riposare in frigorifero.
Una volta preparato il caffè, mettere sul fondo di un bicchierino un paio di cucchiaini di mouse alle nocciole ed infine versare il caffè.

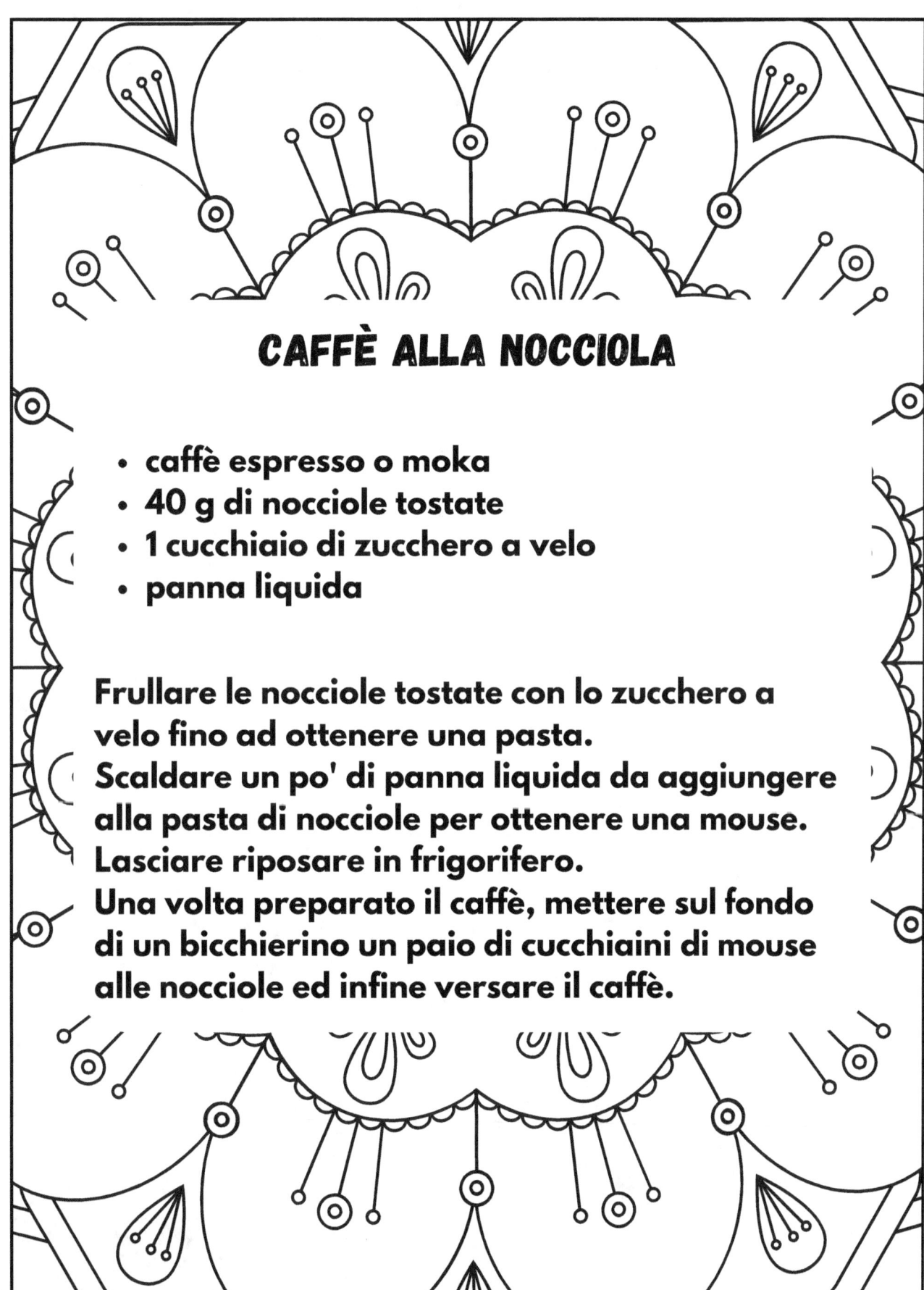

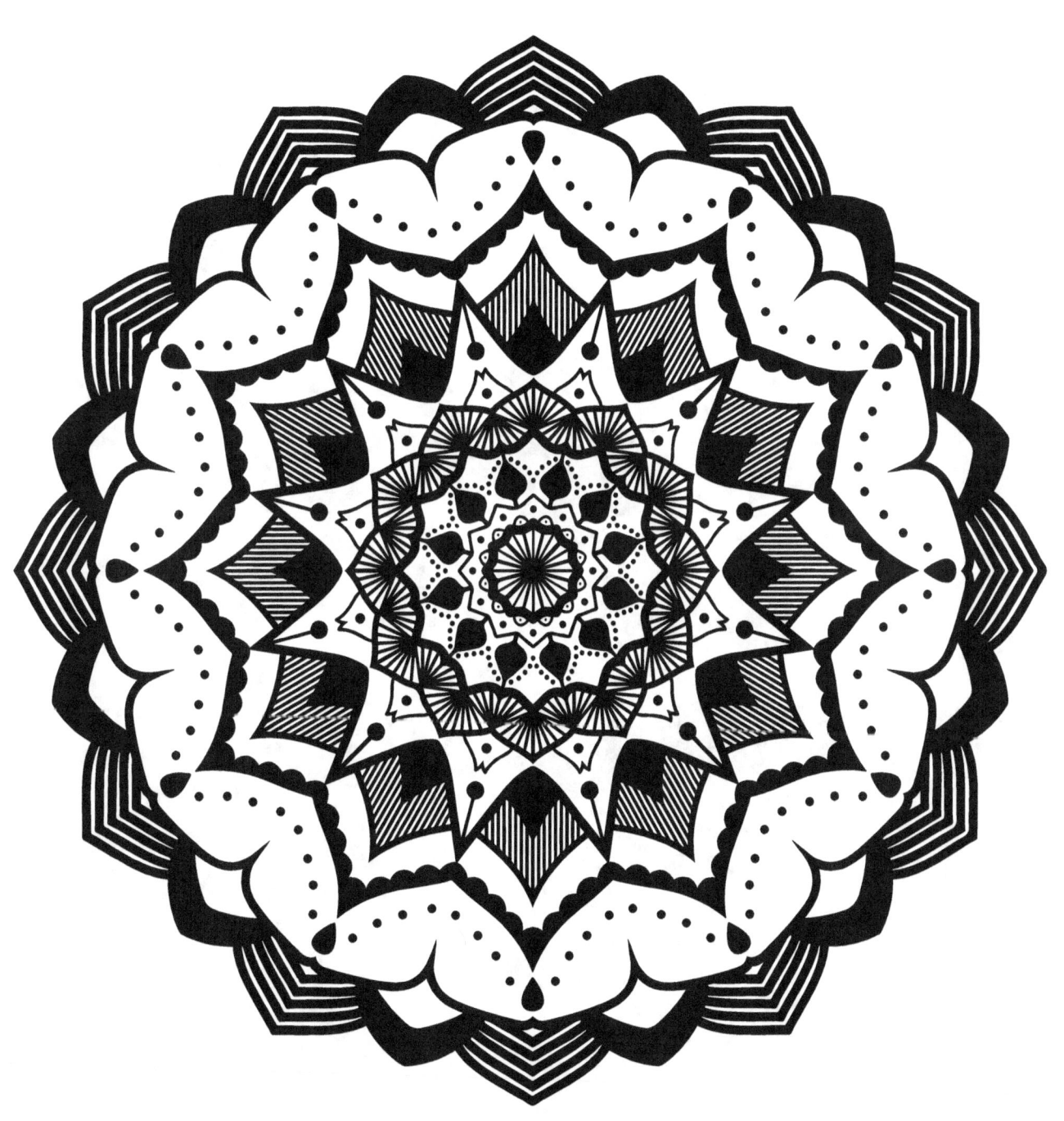

CAFFÈ BRASILIANO

- caffè espresso
- latte intero q.b.
- 1 cucchiaino di zucchero
- 1 dito di liquore
- caca amaro

Preparare la schiuma di latte.
In una tazzina versare il cucchiaino di zucchero, il liquore e la schiuma di latte.
Preparare il caffè espresso e versare delicatamente lungo le pareti della tazzina.
Spolverare con il cacao amaro.

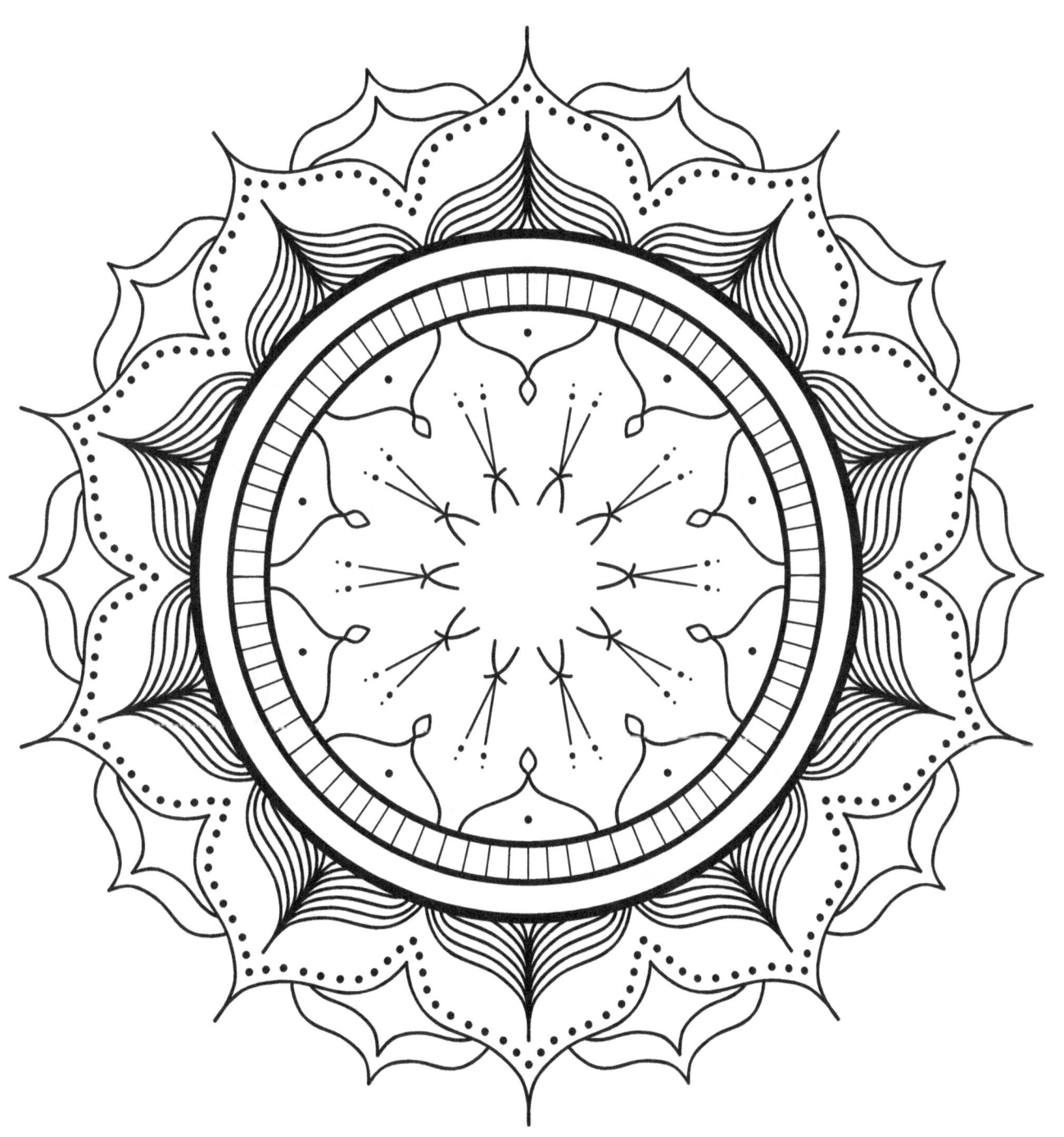

CAFFÈ AL GINSENG

- caffè ristretto
- 70 ml di latte
- mezzo cucchiaino di estratto di ginseng
- zucchero

Riscaldare il latte senza farlo bollire.
Aggiungere l'estratto di ginseng.
Infine miscelare il tutto con il caffè espresso.
Zuccherare a piacere.

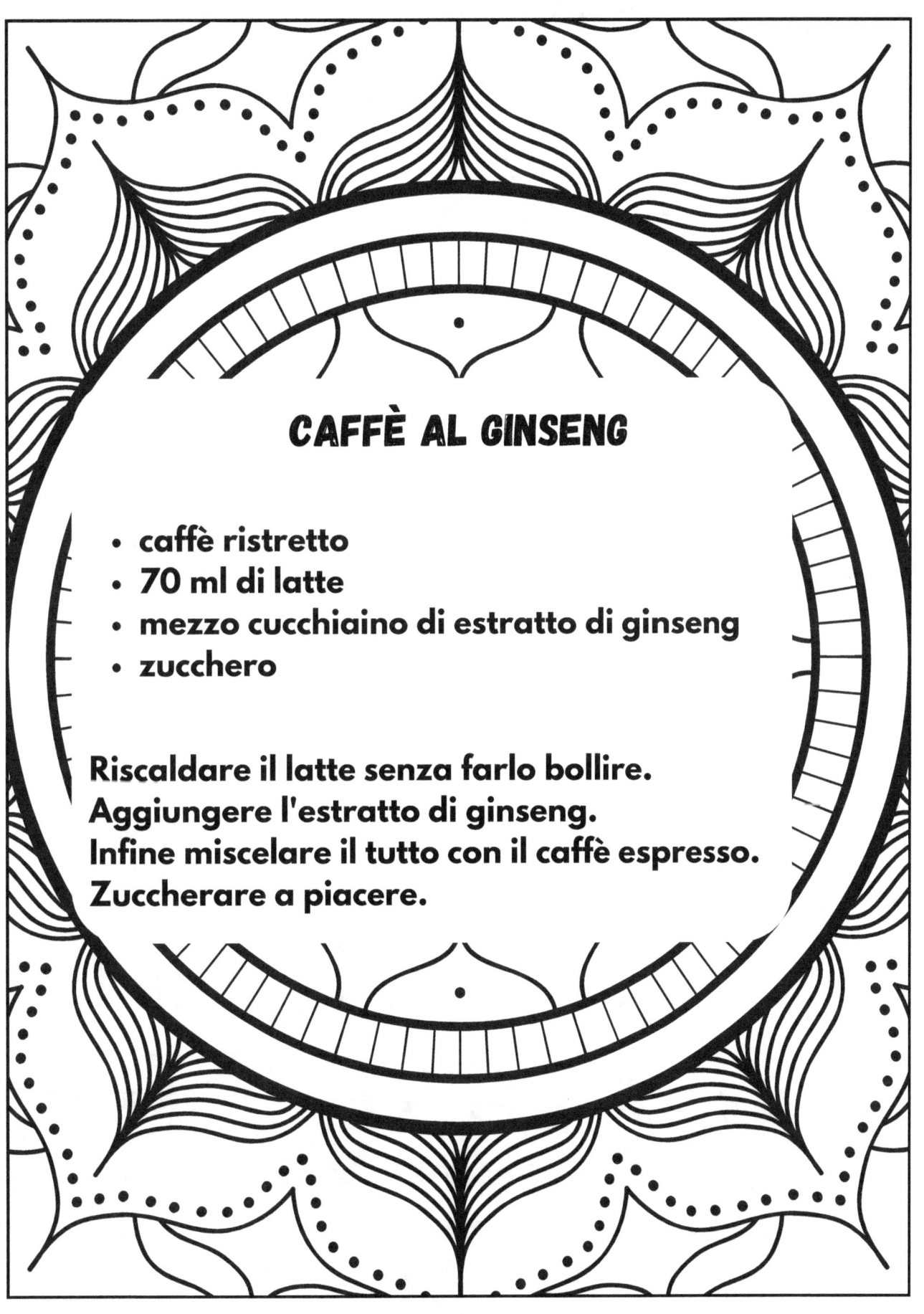

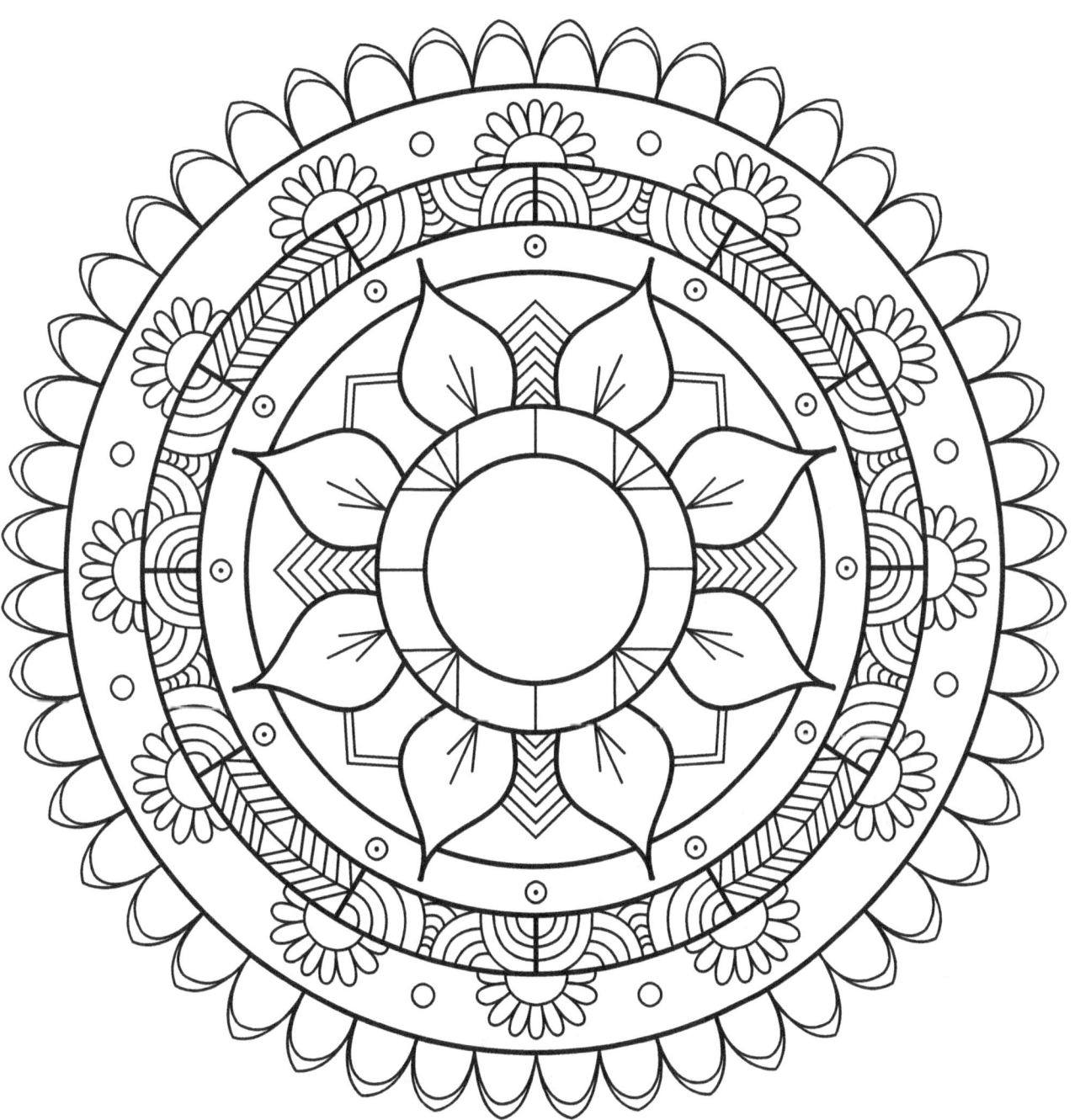

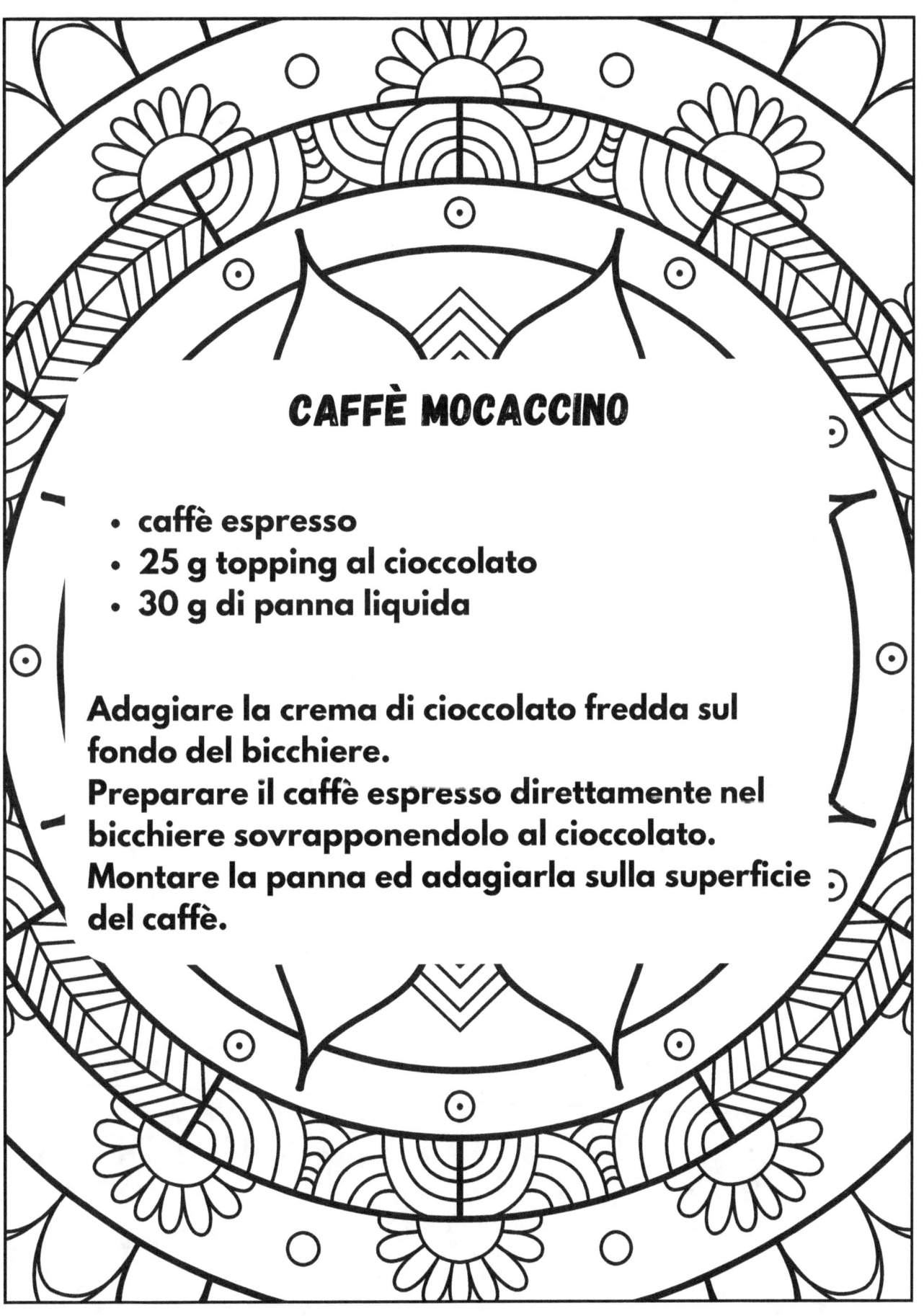

CAFFÈ MOCACCINO

- caffè espresso
- 25 g topping al cioccolato
- 30 g di panna liquida

Adagiare la crema di cioccolato fredda sul fondo del bicchiere.
Preparare il caffè espresso direttamente nel bicchiere sovrapponendolo al cioccolato.
Montare la panna ed adagiarla sulla superficie del caffè.

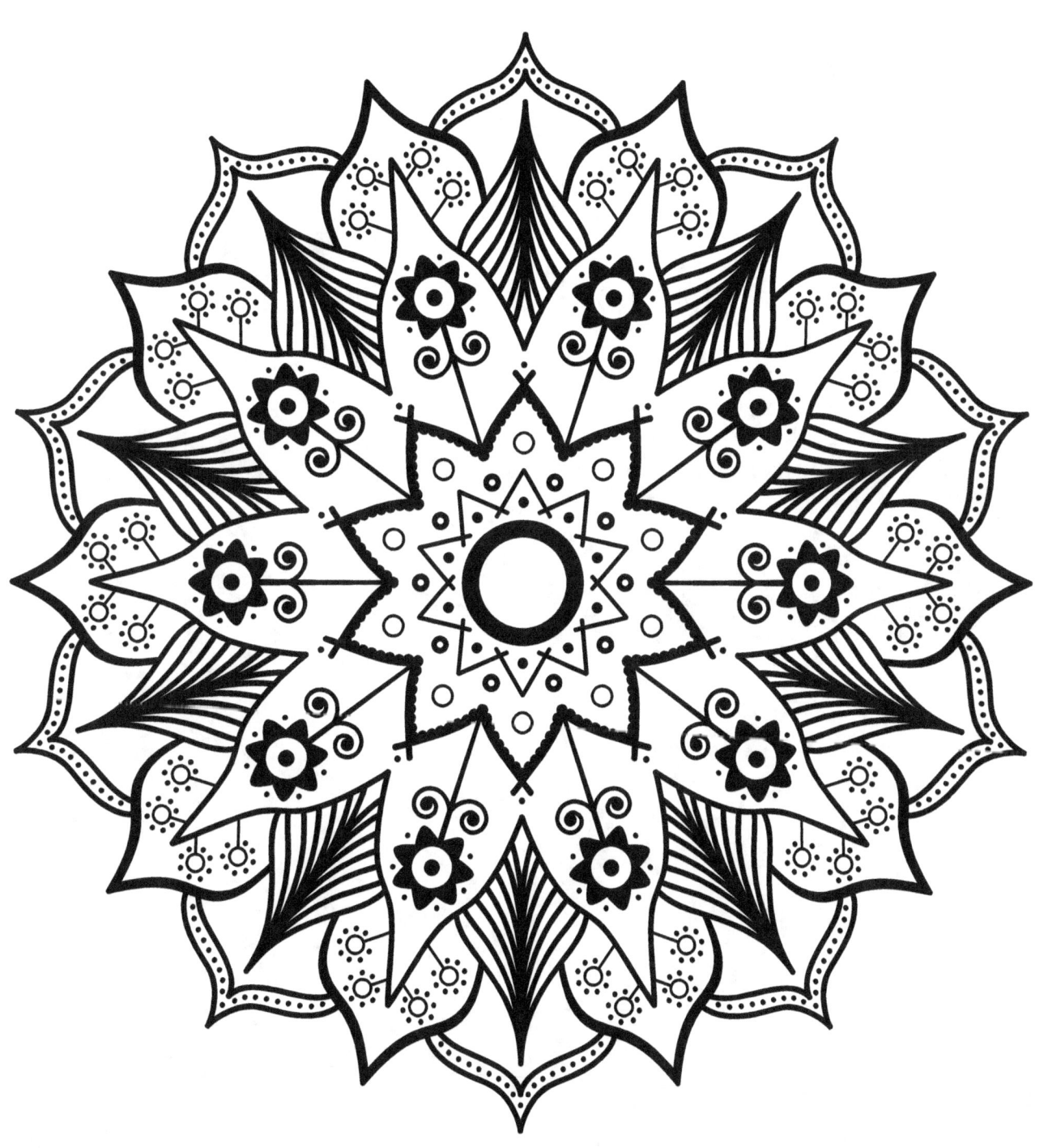

CAFFÈ MAROCCHINO

- caffè espresso
- 30 ml latte fresco intero
- cacao amaro

Spolverare il fondo di un bicchiere con uno strato sottile di cacao amaro.
Preparare il caffè espresso direttamente nel bicchiere.
Spolverare la superficie del caffè con uno strato sottile di cacao amaro.
Montare il latte ed adagiare la crema di latte sull'espresso.
Ultimare con una spolverata di cacao amaro e servire.

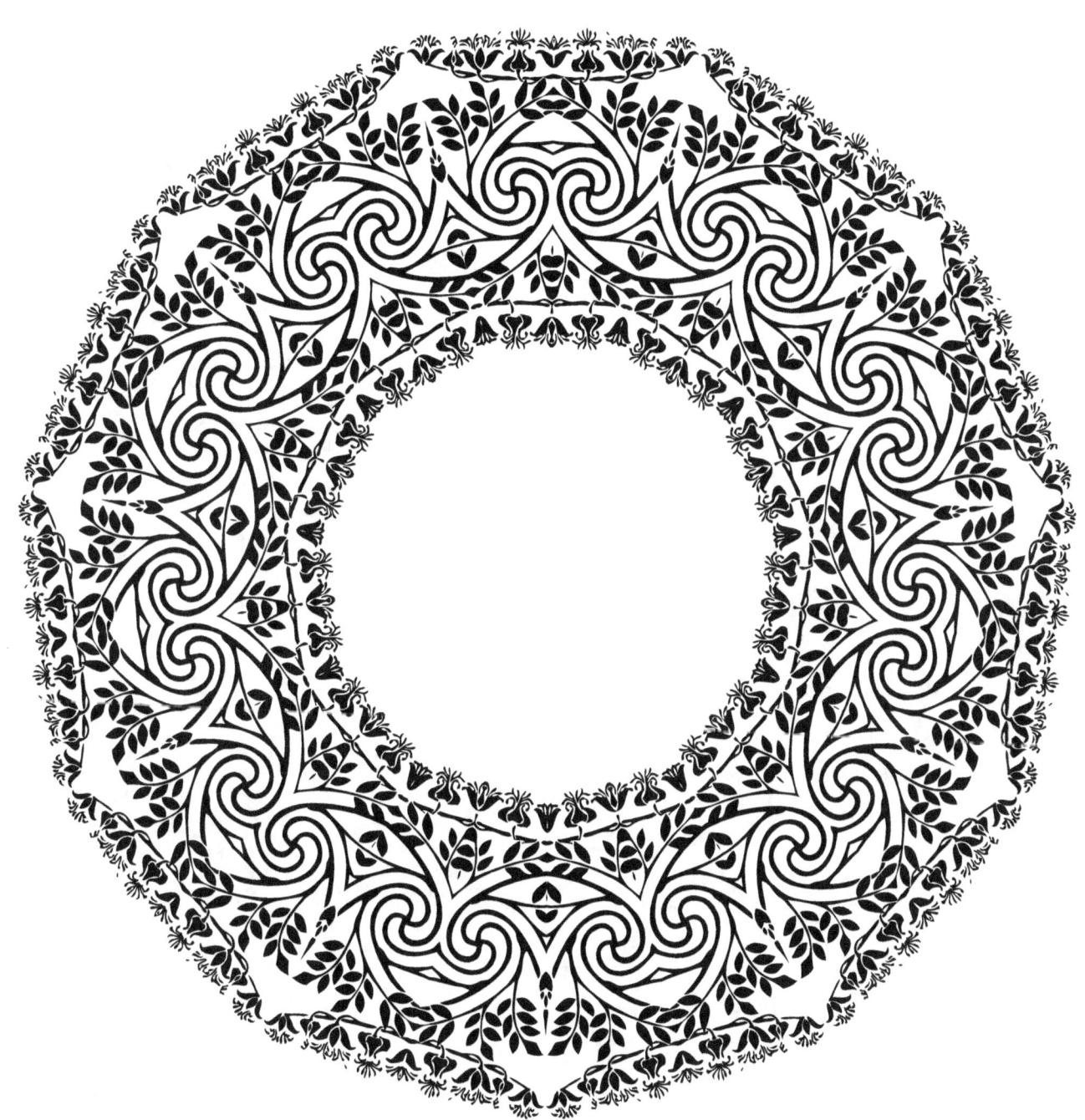

CAFFÈ MORETTA DI FANO

- 1 tazzina di caffè
- 1 cucchiaino di sambuca o anice
- 2 cucchiaini di rum
- 1/2 cucchiaino di brandy
- una scorzetta di limone
- 1 cucchiaino di zucchero

In un pentolino miscelare i tre liquori, aggiungere lo zucchero e far scaldare senza portare ad ebollizione.
Adagiare la scorzetta di limone sul fondo di un bicchierino di vetro.
Versare nel bicchierino la miscela di tre liquori calda ed unire il caffè bollente.

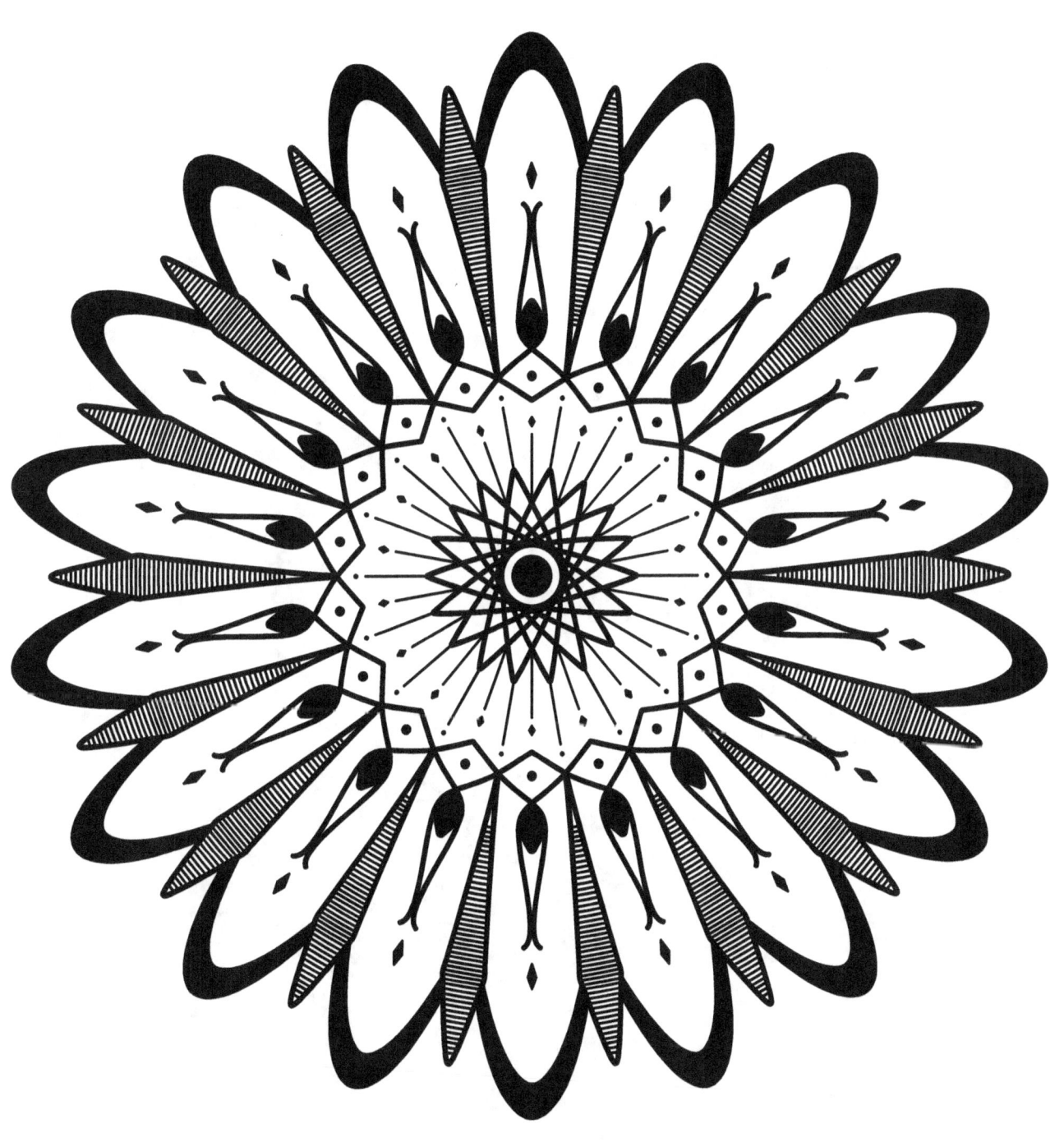

CAFFÈ SHAKERATO

- 2 caffè espressi
- 10-12 cubetti di ghiaccio
- 20 g di zucchero liquido
- cacao amaro in polvere

Inserire all'interno di una shaker il ghiaccio, lo zucchero liquido ed il caffè.
Shakerare energicamente e versare la bevanda in una coppa da Martini.
Guarnire con il cacao amaro in polvere.

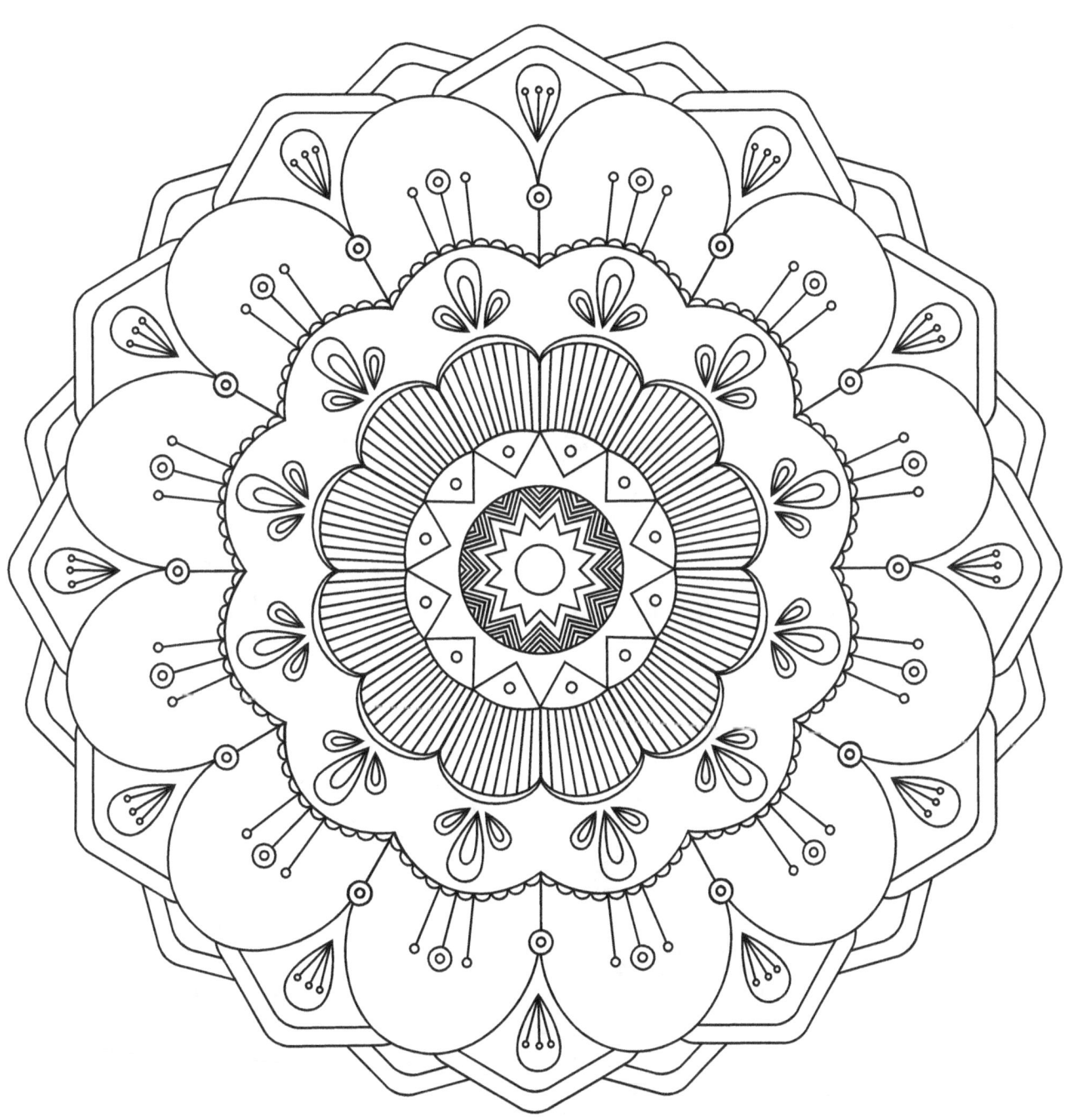

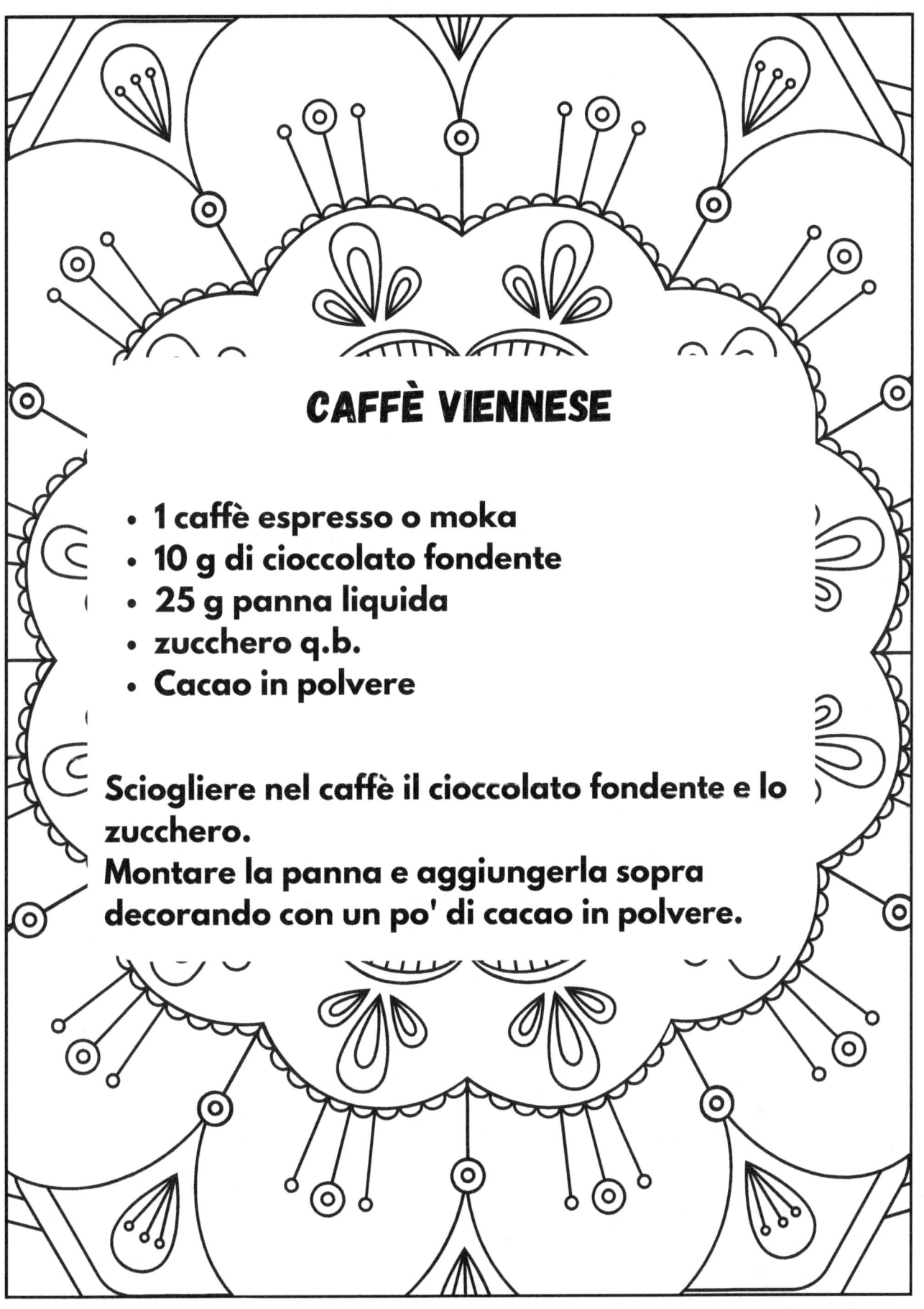

CAFFÈ VIENNESE

- 1 caffè espresso o moka
- 10 g di cioccolato fondente
- 25 g panna liquida
- zucchero q.b.
- Cacao in polvere

Sciogliere nel caffè il cioccolato fondente e lo zucchero.
Montare la panna e aggiungerla sopra decorando con un po' di cacao in polvere.

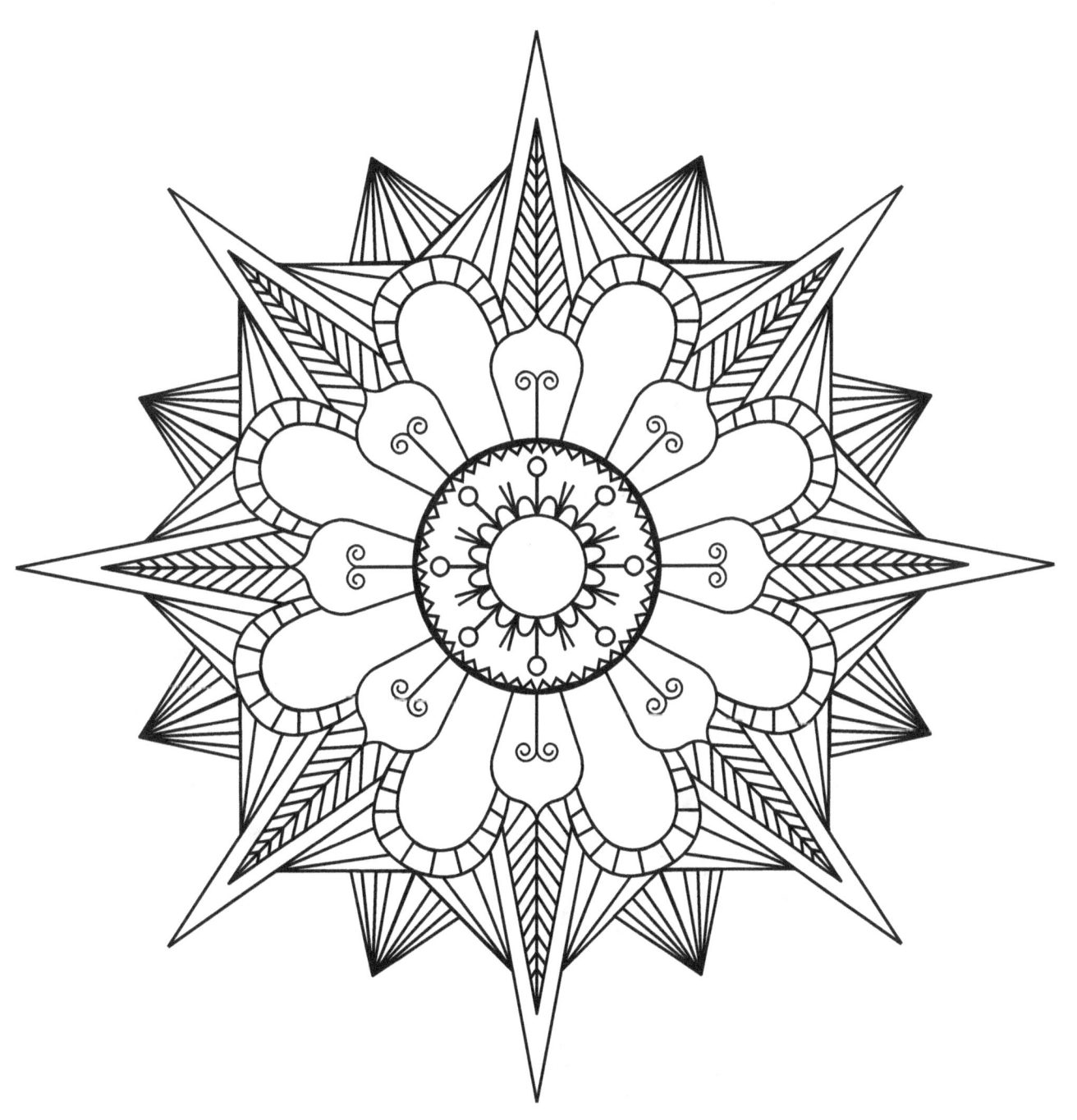

CAFFÈ ALLA VENEZIANA

- 1 caffè espresso o moka
- wisky o brandy
- 25 g panna liquida
- zucchero q.b.
- Cacao in polvere

Versare in un bicchierino il liquore scelto. Preparare il caffè, zuccherarlo e versarlo nel bicchiere con il liquore.
Montare la panna e aggiungerla sopra decorando con un po' di cacao in polvere.

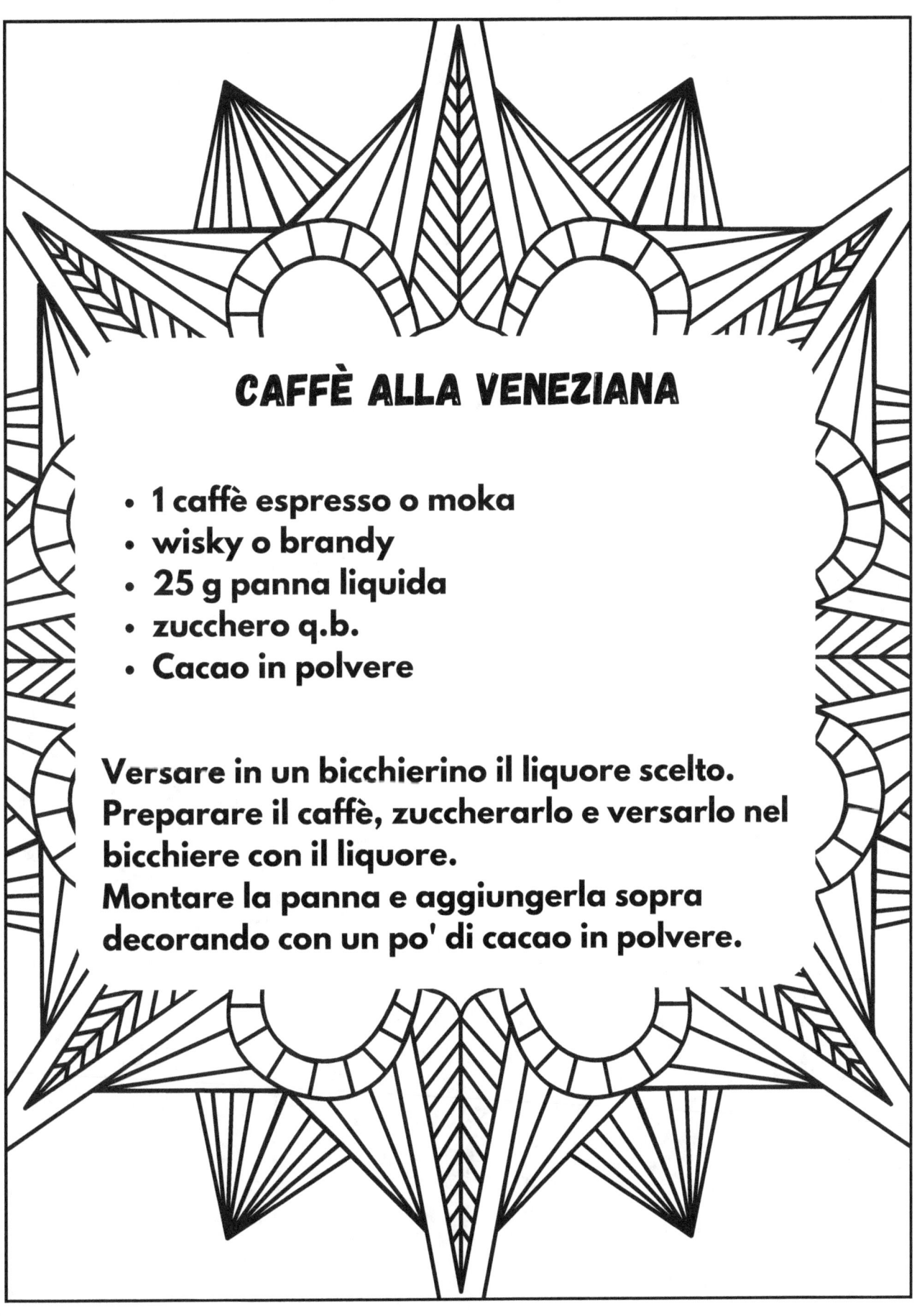

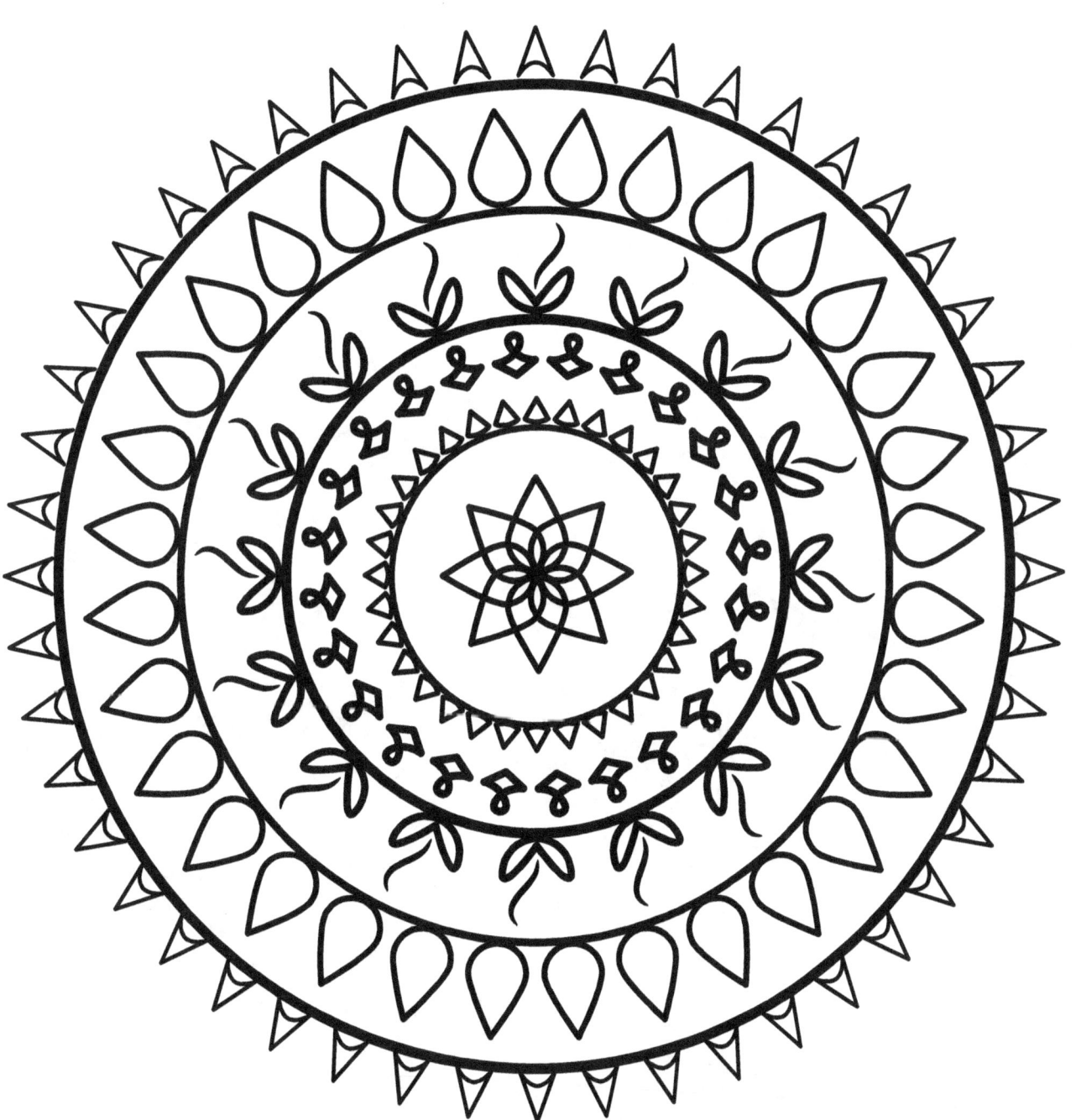

CAFFÈ LECCESE

- 1 caffè espresso o moka
- latte di mandorla
- ghiaccio q.b.

Preparare il caffè e metterlo da parte.
Mettere qualche cubetto di ghiaccio in un bicchiere.
Versare due cucchiai di latte di mandorla e mescolare.
Versare il caffè intiepidito nel bicchiere e mescolare.

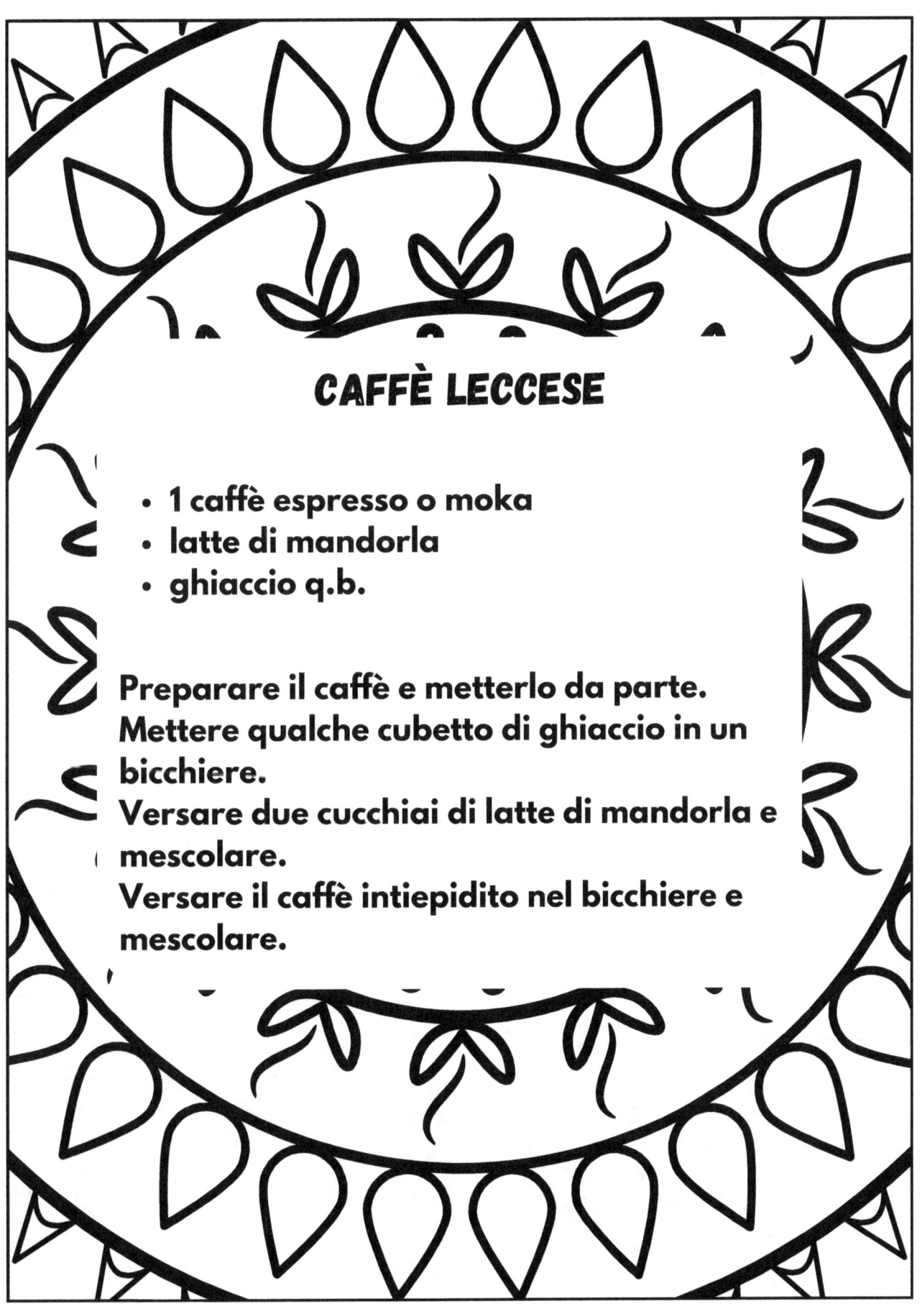

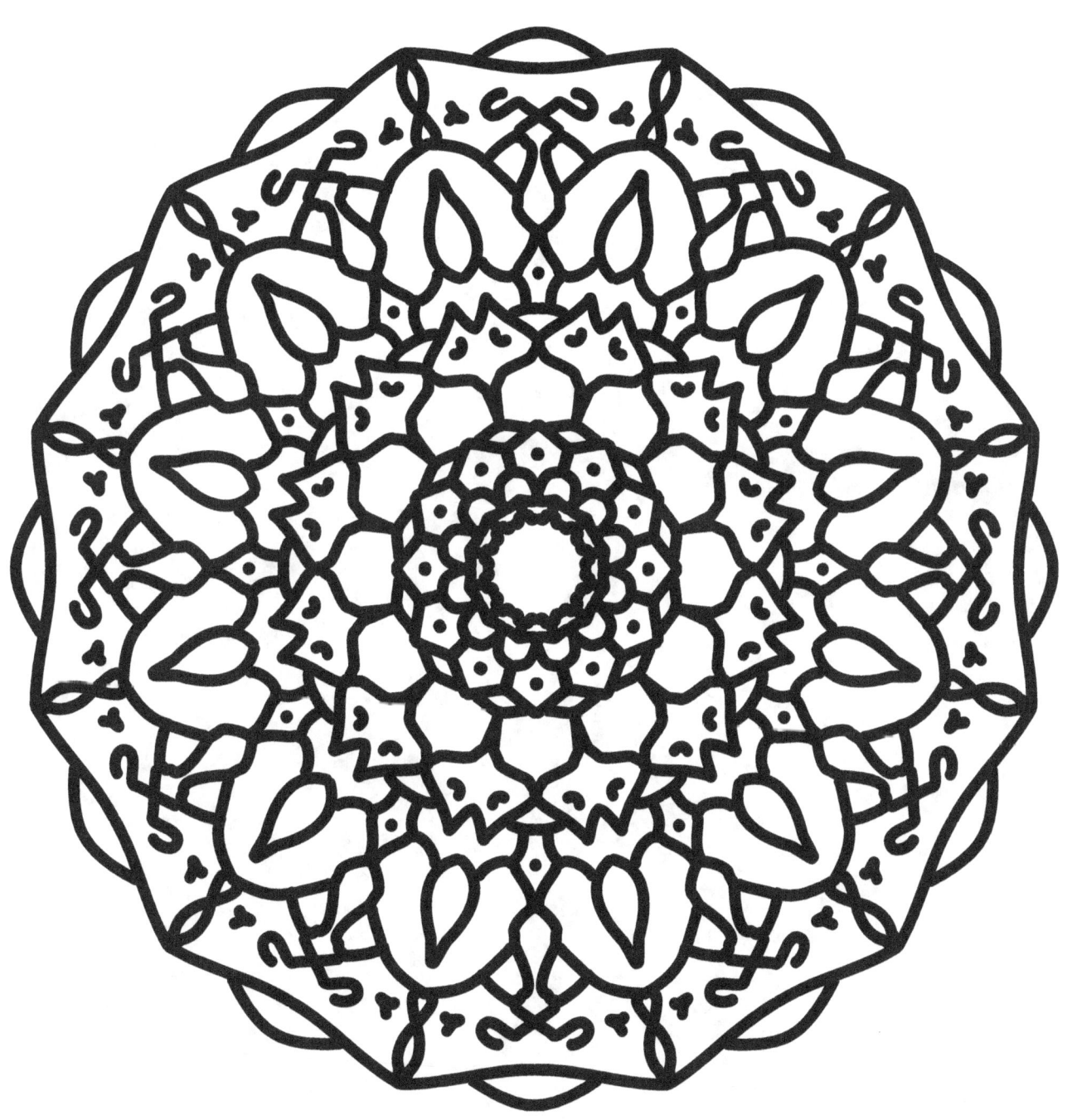

CAFFÈ E FORMAGGIO (KAFFEOST)

- 1 caffè espresso o moka
- formaggio leipajuusto

Tagliare il formaggio a piccoli pezzi e metterli sul fondo di una tazzina.
Preparare il caffè e versarlo sopra.

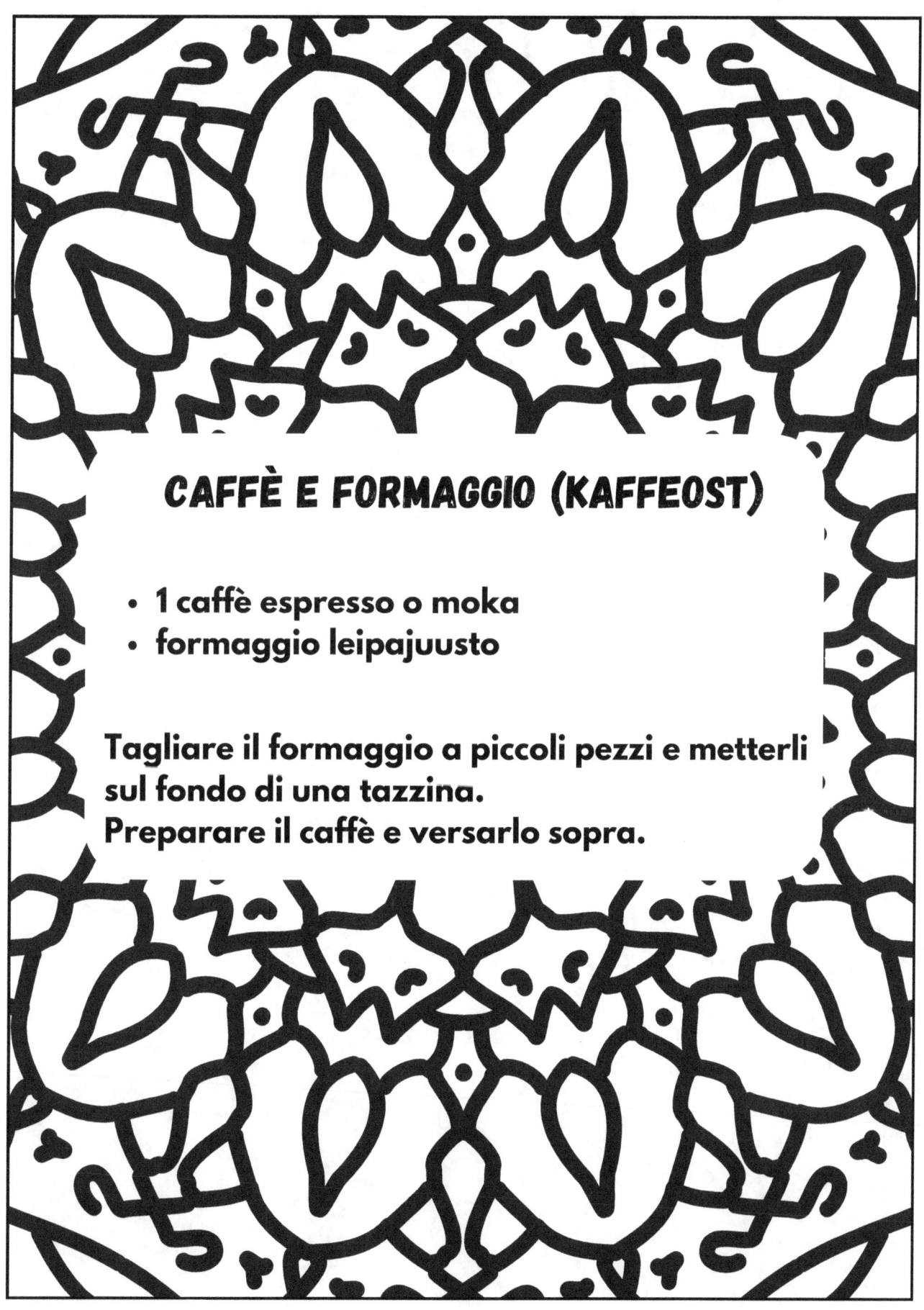

MANDALA CAFFÈ

STEMIAN ART

www.ingramcontent.com/pod-product-compliance
Lightning Source LLC
Chambersburg PA
CBHW081449220526
45466CB00008B/2565